LA CHUTE

DE

SATAN

PAR

AUGUSTE MAQUET

II

PARIS
L. DE POTTER, LIBRAIRE-ÉDITEUR
RUE SAINT-JACQUES, 38.
1854

LA CHUTE DE SATAN.

SUITE DES NOUVEAUTÉS EN LECTURE
Dans tous les cabinets littéraires.

BLANCHE DE BOURGOGNE, par *madame Dupin*, auteur de CYNODIE, MARGUERITE, etc., 2 vol. in-8.
L'HEURE DU BERGER, par *Emmanuel Gonzalès*, 2 vol. in-8.
LA FILLE DU GONDOLIER, par *Maximilien Perrin*, 2 vol. in-8.
MINETTE, par *Henry de Kock*, 3 vol. in-8.
QUATORZE DE DAMES, par *madame la comtesse Dash*, 3 vol. in-8.
L'AUBERGE DU SOLEIL D'OR, par *Xavier de Montepin*, 4 vol. in-8.
DEBORA, par *Méry*, 3 vol. in-8.
LES COUREURS D'AVENTURES, par *G. de la Landelle*, 5 vol. in-8.
LE MAITRE INCONNU, par *Paul de Musset*, 3 vol. in-8.
L'ÉPÉE DU COMMANDEUR, par *Xavier de Montepin*, 3 vol. in-8.
LA NUIT DES VENGEURS, par *le marquis de Foudras*, 3 vol. in-8.
LA REINE DE SABA, par *Xavier de Montepin*, 3 vol. in-8.
LA JUIVE AU VATICAN, par *Méry*, 3 vol. in-8.
LE SCEPTRE DE ROSEAU, par *Emile Souvestre*, 3 vol. in-8.
JEAN LE TROUVEUR, par *Paul de Musset*, 3 vol. in-8.
LES FEMMES HONNÊTES, par *H. de Kock*, 3 vol. in-8.
LES PARENTS RICHES, par *madame la comtesse Dash*, 3 vol. in-8.
CERISETTE, par *Paul de Kock*, 6 vol. in-8.
DIANE DE LYS, par *Alexandre Dumas fils*, 3 vol. in-8.
UNE GAILLARDE, par *Ch. Paul de Kock*, 6 vol. in-8.
GEORGES LE MONTAGNARD, par *le baron de Bazancourt*, 5 vol. in-8.
LE VENGEUR DU MARI, par *Emmanuel Gonzalès*, 3 vol. in-8.
CLÉMENCE, par *madame la comtesse Dash*, 3 vol. in-8.
BRIN D'AMOUR, par *Henry de Kock*, 3 vol. in-8.
LA BELLE DE NUIT, par *Maximilien Perrin*, 2 vol. in-8.
JEANNE MICHU, LA BIEN-AIMÉE DU SACRÉ-COEUR, par *madame la comtesse Dash*, 4 vol. in-8.
LE KHALIFA, par *S. Henry Berthoud*, 2 vol. in-8.
RAPHAEL ET LUCIEN, par *Michel Masson*, 2 vol. in-8.
LE TROUBLE-MÉNAGE, par *Maximilien Perrin*, 2 vol. in-8.
EL IHOUDI, par *S. Henry Berthoud*, 2 vol. in-8.
LES MÉTAMORPHOSES DE LA FEMME, par *X.-B. Saintine*, 3 vol. in-8.
CHARMANTE GABRIELLE, par *M.-J. Brisset*, 2 vol. in-8.
LE DÉBARDEUR, par *Maximilien Perrin*, 2 vol. in-8.
NICOLAS CHAMPION, par *S. Henry Berthoud*, 2 vol. in-8.
LA FAMILLE DU MAUVAIS SUJET, par *Maximilien Perrin*, 2 vol. in-8.
UN COEUR DE LIÈVRE, par *Maximilien Perrin*, 2 vol. in-8.
DIANE ET SABINE, par *Michel Masson*, 2 vol. in-8.

LA CHUTE
DE SATAN,

PAR

Auguste MAQUET,

Suite du Comte de Lavernie.

II

Paris,

L. DE POTTER, LIBRAIRE-ÉDITEUR

Rue Saint-Jacques, 58.

I

LE PIÈGE (*suite*).

Il y avait à la cîme du monticule, sur le terre-plein, une ruine de métairie dont une muraille tenait encore en faisant un angle commode pour loger huit à dix hommes à couvert.

Les ennemis postés dans le marais, sur le flanc de la pente, voyant monter ces tronçons de chevaux et d'hommes, tiraient de leur mieux; mais grâce à la mesure qu'avait prise Gérard, la ligne de leur tir aboutissait plus haut que la tête de ses soldats.

Malheureusement ce fut alors que commença le bombardement. Une lueur presque incessante vint rougir le chemin et montrer plus clairement aux partisans leurs points de mire. Cependant Gérard à force de précautions fit parvenir toute sa troupe sur le plateau sans avoir perdu un seul homme.

Mais à peine arrivé, le détachement fut exposé aux coups par trois côtés. Quatre hommes tombèrent. Les soldats commencèrent à se regarder les uns les autres.

— Mettez-vous à l'abri, dit Gérard, tandis que je reconnaîtrai la position; sacrifiez les chevaux d'abord... En effet, deux chevaux furent tués au même moment.

Le comte n'eut pas besoin d'une longue observation pour se convaincre de l'impossibilité de garder ce poste ridicule. C'était un plateau entouré de fondrières et de marais; l'ennemi n'eût pu venir attaquer sans risquer d'être défait partiellement; mais, du fond de ces abris marécageux, il pouvait abattre un à un sur le plateau maudit tous les hommes du détachement que Louvois avait ainsi sacrifié.

Le chemin de ceinture qui reliait l'armée d'observation à l'armée de siége longeait le marais et rejoignait la pente que nous connaissons.

Gérard ayant groupé son monde le plus avantageusement possible, soit derrière la masure, soit par terre, assembla son conseil de guerre; c'étaient, le cornette un peu refroidi sur les charmes de la promenade militaire, et l'officier de Champagne qui commandait sous Gérard. Tous trois protégés par les chevaux, délibérèrent.

— Cornette, dit Gérard avec un triste sourire, vous êtes le plus jeune officier du conseil, à vous de parler le premier.

— Ma foi, répliqua le jeune homme en

riant, mon avis est que nous sommes très-mal ici.

— Vous pouvez vous retirer, mon cher ami, dit Gérard, vous n'êtes ici qu'en volontaire et le poste n'est pas tenable.

— Fi donc! s'écria l'enfant.

Un des chevaux tomba, son maître voulut le relever ou examiner sa blessure, il tomba sur le cheval; deux coups l'avaient touché, à la tête et dans les reins.

— Et vous, monsieur, dit Gérard à l'officier, quel est votre avis?

— D'envoyer quelqu'un au quartier de M. de Luxembourg, afin qu'on nous fournisse un fort détachement qui imposera aux partisans en faisant un feu nourri sur le marais.

— Jamais M. de Louvois ne vous le pardonnera, dit Gérard. Il a défendu qu'on bouge d'ici.

— Mais nous y mourrons tous! dit l'officier; c'est une absurdité.

— Que voulez-vous? c'est l'ordre. Au surplus, nous allons être relevés, continua Gérard en cherchant à l'horizon.

Mais on ne voyait du côté du camp que le feu des mortiers et les lignes paisibles des tentes tour à tour illuminées ou replongées dans les ténèbres.

Derrière Gérard les soldats murmuraient. L'un d'eux, s'adressant aux chevau-légers, leur dit assez haut pour être entendu :

— Dites donc à votre officier que nous

sommes ici comme des moutons à la boucherie.

— Je le sais bien, mes enfants, répondit Gérard en s'avançant vers eux ; mais c'est l'ordre.

Le soldat qui venait de parler se préparait à répondre, il ne poussa qu'un cri : une balle venait de lui trouer la gorge ; il tomba les bras étendus.

— Cordieu ! s'écria l'officier en s'élançant pour soutenir son soldat, c'est infâme de faire ainsi tuer le monde, et pour rien.

Il paya cher son dévoûment : une balle le frappa au flanc ; il vint rouler aux pieds de Gérard et du cornette — ce dernier, pâle de colère et d'horreur.

Gérard prenant l'enfant par le bras :

— Je vous ordonne, dit-il, je vous ordonne, entendez-vous ? d'aller au camp et d'expliquer la position où nous sommes.

— Oh ! répondit le cornette, je vous comprends, mon lieutenant ; vous m'éloignez pour me sauver la vie, mais je resterai ici : le vin est tiré il faut le boire.

— Vous me désobéissez! dit Gérard attendri.

— Pardieu! je suis volontaire, s'écria l'enfant en embrassant son officier.

Gérard, se retournant, désigna un des chevau-légers pour courir au camp.

— Prenez mon cheval, dit-il, et hâtez-vous.

Tous les soldats s'empressèrent autour du messager, en lui disant de hâter leur délivrance.

Ce malheureux mouvement coûta la vie à deux d'entre eux ; les autres regagnèrent vivement leur abri.

Le cavalier se baissa sur sa monture, rendit la main, piqua des deux et descendit comme une flèche la pente dangereuse.

Mais comme il atteignait le chemin creux, une balle lui traversa les tempes ; il tomba, et le cheval emporté continua sa course furieuse dans la direction du camp.

Un cri de douleur et de désespoir avait

accompagné sa chute; les soldats ne résistèrent pas plus longtemps; il en restait douze sur vingt. Quatre de ces douze hommes quittèrent le plateau, malgré les cris et les prières de Gérard, malgré l'exemple des chevau-légers, troupe d'élite qui, réduite à sept, regardait stoïquement le péril et attendait la mort.

Gérard, repoussé, rudoyé par ces hommes, reprit son poste et les laissa partir. Mais bientôt il entendit des cris de joie, les fugitifs venaient de reconnaître un mousquetaire du roi qui accourait avec cinq de ses camarades pour relever le poste.

Les déserteurs, chose inouïe, oublièrent leur peur et revinrent chercher leurs compagnons avec des transports d'allégresse. Gérard, toujours de sang-froid, fit charger les blessés sur les chevaux qui restaient et quitta le terrain le dernier ; le cornette sauta de joie, se frotta les mains en disant :

— Damné Louvois ! ce ne sera pas encore pour cette fois-ci.

On descendit avec les mêmes précautions la pente au bas de laquelle attendaient les mousquetaires. Ceux-ci aidèrent au transport des blessés, et leur chef raconta à Gérard comment le roi, averti à temps on ne sait par qui, s'était aperçu du danger inutile que courait cette poignée d'hommes, et avait expédié l'ordre de les relever.

On oublia les horribles angoisses de cette demi-heure maudite; on consola ceux qui souffraient, on se mit à rire du péril auquel on avait échappé. Les plus épouvantés naguères furent les plus bruyants dans leur joie.

— Corbleu! dit le cornette, allons-nous bien souper! Je vais trouver au camp mon gouverneur, mon Xérès et une lettre de ma bonne mère. Malgré la collation de Saint-Ghislain, savez-vous que j'ai une faim féroce? Il me semble que je n'ai pas mangé depuis six semaines.

— Oh! répondit Gérard, c'est qu'en de certaines demi-heures on vit des semaines, n'est-ce pas?

— Ma foi, je crois que nous ne mourrons plus jamais, dit l'enfant.

Comme il achevait ces paroles, on entendit le galop de plusieurs chevaux dans le chemin creux, et au premier coude de ce chemin, la troupe de Gérard se trouva face à face avec Louvois qui faillit leur passer sur le corps, tant il éperonnait son cheval avec ardeur.

Aussitôt qu'il reconnut Louvois, le cornette qui ne se défiait de rien, — c'est le privilège de son âge, où tout courage est franc, toute franchise noble, — cet enfant victorieux s'approcha du ministre, et lui dit d'un air de triomphe :

— Ma foi! monseigneur, il était temps!

— Temps de quoi? répondit le ministre en barrant le passage aux cavaliers, et en cherchant avidement dans la petite troupe M. de Lavernie, qu'il n'apercevait point, car il était à l'arrière garde, soutenant et pansant un de ses blessés.

— Nous sommes revenus dix-neuf, de trente-deux que nous étions, poursuivit le jeune homme, en s'effaçant, pour laisser passer Gérard.

A ce moment, Louvois aperçut le comte, qui s'avançait à sa rencontre. Ses traits se décomposèrent comme s'il eût vu un fantôme.

— Revenus!... s'écria-t-il... Vous êtes revenus, et pourquoi, s'il vous plaît?

— Parce que S. M. nous a fait revenir, dit Gérard tranquillement.

— Le roi? dit Louvois du ton le plus outrageant, car il renfermait un doute qui fit bouillir le sang du cornette. Il allait répondre. Gérard, maître de lui, l'arrêta, et, montrant les mousquetaires :

— Ces messieurs ont apporté l'ordre, dit-il à Louvois. Parlez, messieurs, est-ce vrai?

— Il est vrai, dirent les mousquetaires d'une commune voix.

On eût pu croire que cette affirmation satisferait le ministre. C'était un grand mot à cette époque que ces deux syllabes : le roi !

— Mais Louvois, regardant de travers, et Gérard et le cornette et les mousquetaires :

— Je voudrais bien savoir, dit-il, depuis quand un officier se permet de manquer aux consignes qu'on lui donne.

— Mais, monseigneur... répliqua Gérard.

— Taisez-vous !... Qui vous a placé au poste du plateau ?

— Vous, assurément, monseigneur.

— Et pourquoi ne vous y trouvé-je plus ?

— J'ai eu l'honneur de vous dire que c'était un ordre du roi.

— Ordre que vous avez sollicité, monsieur.

— Nullement.

—Je vous dis que vous l'avez sollicité ! répliqua le marquis d'une voix tonnante.

— Et quand cela serait, dit Gérard, dont le sang commençait à monter au cerveau, croyez-vous, monsieur, que l'on se fasse tuer de gaîté de cœur, et qu'on fasse tuer à côté de soi des braves gens, quand d'un mot et avec un pas on les peut sauver sans déshonneur ?

— Et vous croyez qu'on appelle cela du courage, dit Louvois avec un dédain qui fit rougir les chevau-légers et jusqu'aux soldats de Champagne qui avaient eu peur.

Gérard serrant les poings :

— Chacun entend le courage à sa manière, répliqua-t-il. Je mets le mien à obéir au maître et à ne pas tenter Dieu.

— Obéir ! dites-vous ! Ah !... quand cela vous plaît et ne vous expose point, interrompit Louvois. M'avez-vous obéi à moi ?

— Vous n'êtes pas mon maître quand

le roi a parlé, dit vivement Gérard ; j'étais resté à ce poste malgré les prières de mes hommes, malgré la mort de treize d'entre eux. J'y fusse resté plus longtemps, j'y fusse mort, comme vous me l'avez demandé, ajouta-t-il en foudroyant Louvois d'un regard, mais le roi m'a fait relever et je pars.

— Vous partez parce que vous avez peur ! s'écria Louvois tremblant de colère.

— Oh ! rugirent tous les compagnons de Gérard et le petit cornette, qui s'avança vers le ministre comme pour le dévorer.

— Silence ! s'écria Gérard à sa troupe. M. de Louvois, vous m'insultez ?

— Dites monseigneur ! hurla le ministre aveuglé par la rage.

—Monsieur, vous m'insultez, lui répéta Gérard, et vous insultez tous ces braves gens avec moi.

La troupe entoura Louvois avec des figures tellement menaçantes que, sans la présence de Gérard, il eût essuyé quelque mauvais traitement.

Les six gendarmes qui formaient son

escorte se tenaient immobiles, à distance, honteux du rôle que jouait leur chef, et pleins de compassion et de sympathie pour ceux qu'il rudoyait avec cette injustice.

— Chevau-légers, en arrière ! cria Gérard, et aussitôt le ministre se trouva dégagé. Ses yeux étincelaient, il avait défié du regard tous ses ennemis furieux.

—Plus tard, monsieur de Louvois, continua le jeune homme, vous serez puni par Dieu de vos cruautés ; quant à nous, qui avons fait notre devoir, nous méprisons vos outrages. Le roi nous a relevés, nous sommes libres. Au camp, c'est là que nous nous expliquerons. Chevau-légers ! grenadiers ! en marche !

— Eh bien ! s'écria Louvois, puisque je parle à des lâches, puisqu'on abandonne le poste que j'avais cru confier à des Français, à des gentilshommes, je le garderai moi. Gendarmes d'Anjou ! nous ne demanderons pas merci au roi, nous autres. En avant !

Et piquant son cheval qui poussa un hennissement de douleur, Louvois s'élança hors du chemin creux et monta la côte au galop, faisant jaillir des cailloux une poussière d'étincelles.

Les gendarmes haussèrent les épaules et le suivirent en échangeant quelques paroles d'amitié avec les chevau-légers et les mousquetaires.

Trente ou quarante coups de feu sifflèrent aux oreilles de Louvois et firent voler le galon d'or de sa housse. Il arriva sur le plateau où son cheval noir se planta fièrement les jambes tendues comme un cheval de statue équestre sur un socle de granit.

— Allons, messieurs, dit Gérard à ses

compagnons, en enfonçant ses ongles dans sa chair frémissante, allons ! il faut mourir.

Et à pied, l'épée au fourreau, il monta le chemin à son tour : une balle emporta son chapeau ; il arriva près de Louvois, ses cheveux épars fouettant son visage pâle. Le cornette l'avait suivi et lui pressait la main.

— Ce poste n'est pas impossible à tenir, dit Louvois, puisque j'y suis.

— Allons assez de fanfaronnades, interrompit Gérard, l'enfer épargne un fou sanguinaire, ici, à cette place, où vous foulez les cadavres de treize obscurs soldats qui valaient mieux que vous. Retournez au camp, monsieur, et que ma mort, si ardemment souhaitée par vous, ajoute un crime à tous vos crimes, un remords à tous vos remords !

Louvois regardait d'un œil sombre les soldats de Gérard et ses gendarmes à lui euveloppés de nouveau dans le feu et la fumée, frappés au hasard et roulant pêle-mêle.

— Je lève votre consigne, dit-il, revenez au camp. Il me suffit de vous avoir montré qu'on a le droit de donner des ordres quand on est capable de les exécuter.

Gérard sans lui répondre :

— Mousquetaires, dit-il, retournez dire au roi ce que vous avez vu. Monsieur m'accusera peut-être encore d'envoyer chercher du secours ; mais lorsque ce secours arrivera, Dieu merci, nous serons tous morts.

Les mousquetaires, dont l'un venait d'être blessé, obéirent en gens de cœur, qui ne mettent pas de sotte présomption à faire des prouesses inutiles.

Louvois les voyant partir eut peur des suites.

—Çà, dit-il à Gérard avec hauteur, venez-vous ?...

— Non, répliqua le comte en piquant son épée en terre ; je mourrai ici, assassiné par vous, avec tous mes soldats. Et retirez-vous bien vite si vous tenez encore à vivre, car je ne réponds pas qu'avant de tomber sans gloire et sans profit, le dernier de mes chevau-légers n'ait pas la tentation de vous envoyer son coup de pistolet, afin de voir si, comme le démon, vous êtes invulnérable.

— Ce chevau-léger, ce serait moi, dit le cornette à Louvois, en mettant une main sur son arme jusque là inutile à sa ceinture.

Au même instant l'enfant tressaillit comme s'il eût été ébloui par la foudre, il poussa un petit cri, porta sa main gauche à sa poitrine et, jetant un bras autour du cou de Gérard, il s'affaissa comme un lys coupé.

Une balle ennemie lui avait traversé le cœur.

— Ah maman, ma pauvre maman! soupira-t-il, et il expira.

Gérard éperdu, glacé, perdit la raison, sa main était humide de sang, il leva cette main sur Louvois en criant :

— Va-t-en, bourreau, où je te tue !

Les gouttes de ce sang généreux frappèrent au visage Louvois pâle d'horreur et saisi, pour la première fois, du vertige de l'épouvante : son cheval se déroba par un bond et l'emporta seul loin du funèbre monticule où gisaient tant de cadavres.

Gérard resta debout tenant encore l'enfant dans ses bras et le berçant comme eût fait sa mère. Il ne voyait plus, il n'entendait plus. Autour de lui, tombaient tous ceux qui n'avaient pas cherché un refuge derrière le mur en ruine.

L'ennemi, comme s'il eût respecté cette incroyable obstination, cette héroïque folie, cessa le feu un moment. Alors arrivèrent dans le chemin creux une foule de cavaliers, qui s'arrêtèrent au bas de la côte et appelèrent à grands cris M. de Lavernie.

Une attaque venait d'être faite simultanément par M. de Luxembourg et par les troupes de siége, sur le marais dont l'entêtement de Louvois avait fait un danger pour l'armée. L'ennemi, pris en flanc avec vigueur, céda peu à peu le terrain, les coups de feu devinrent plus rares, à peine une ou deux balles égarées vinrent-elles tomber sur la terre de ce monticule où naguères elles pleuvaient comme la grêle.

Ni le clairon des cavaliers, ni les cris

des fantassins lancés parmi les joncs et dans les roches comme des chasseurs après le gibier qui fuit, ni le silence après la mousqueterie, ne réussirent à attirer l'attention de Gérard.

Cependant, par le chemin creux s'avançait une foule compacte de mousquetaires et de gendarmes; la maison du roi faisait l'honneur, à ce petit poste si obscur, de le venir reconnaître sous les ordres de M. de Boufflers et du duc du Maine.

Les éclaireurs se jetèrent en avant, le

pistolet au poing, et, n'apercevant plus que des cadavres, ils appelèrent à grands cris le seul être vivant qu'on aperçut encore sur le sommet dévasté.

Les chevaux, heurtant le sol encombré, parvinrent à la moitié de la côte, et leurs cavaliers appelèrent encore.

Mais Gérard ne répondit pas, on le voyait immobile et courbé comme un chêne que secoue la tempête. Etait-il vivant? était-il resté debout calciné comme ces cadavres qu'a dévorés la foudre et et qui tomberont en cendres sous la main qui les touchera?

Au bas du mamelon, au sortir des marais, s'élancèrent à droite, à gauche, les grenadiers et les chevau-légers de renfort, qui avaient répondu enfin par des coups terribles à cette mortelle guerre des partisans, continuée pendant toute une heure.

A la suite des escadrons d'élite commandés pour cette expédition, arriva le roi lui-même avec M. le duc de Chartres. Louvois se tenait à l'écart derrière ses gendarmes; sa colère refroidie; il cherchait une excuse, il tremblait, non devant le roi, mais devant sa conscience.

— Je vois encore quelqu'un là-haut,

s'écria le roi irrité : est-ce possible ? Louvois ! où est Louvois !

— Sire, me voici.

— Etes-vous insensé, monsieur, dit Louis XIV, de défaire ainsi ce que je fais. Quoi, j'ordonne aux gens qui tenaient ce poste de revenir et vous les y replacez, pour les faire tuer tous, à l'indignation de toute l'armée !

— Sire, un convoi devait passer, il eût été pris par l'ennemi comme les deux précédents, sans le poste que j'avais mis là pour s'y opposer.

— Supposez-vous que vous savez la guerre mieux que moi, par hasard? continua le roi de plus en plus courroucé, tandis que le ministre perdait à chaque instant de son assurance : allons, qu'on fasse rentrer l'homme que je vois là-haut.

Au même instant, Rubantel revenait de charger les partisans. Après les avoir mis en fuite, il prit à revers le monticule et pénétra sur le plateau couvert de morts, où Gérard était demeuré seul avec le corps de son malheureux ami.

— Lavernie! Lavernie, s'écria-t-il en le

reconnaissant! Dieu soit loué, c'est vous! Le roi est là qui vous appelle!

— Le roi! murmura Gérard comme au sortir d'un rêve.

Et regardant autour de lui, il se rappela.

On le vit soulever dans ses bras l'enfant déjà glacé, le baiser au front et descendre lentement la côte, au bas de laquelle on distinguait cette foule brillante qui murmurait d'admiration et de pitié.

Gérard s'avança jusqu'auprès du cheval de Louis XIV. Louvois, humilié, tourna bride et s'alla confondre parmi les derniers rangs.

— Qui êtes-vous? demanda le monarque avec bonté.

— Sire, je suis l'officier à qui Votre Majesté a daigné faire grâce à Valenciennes.

— Lavernie?

— Oui, sire.

— Eh bien, vous me deviez la vie, vous avez payé aujourd'hui votre dette; vous êtes un brave gentilhomme, monsieur de Lavernie. Avez-vous perdu bien du monde ici?

— Tout mon monde, sire, et pour rien.

— Oh! fit le roi en cherchant des yeux Louvois pour qu'il entendît cette réponse.

Mais Louvois ne reparut pas.

— Monsieur, continua Louis XIV, vous

avez perdu ici tous vos équipages, l'affaire n'en valait pas la peine, et je ne veux plus désormais qu'on gaspille ainsi la vie et les biens de ma noblesse; j'aurai soin que vous ne perdiez rien à mon service, monsieur de Lavernie.

Là-dessus, le roi congédia Gérard par un signe de tête et continua au petit trot de son cheval la ronde qu'il voulait faire le long des lignes.

Gérard soutenu et caressé de tous partit aussi, mais pour retourner au camp, après avoir recommandé à M. de Rubantel la dépouille mortelle du cornette.

Comme il arrivait à l'endroit où naguère toute la cour regardait partir les bombes de Vauban, une voix connue frappa son oreille, une main dont la pression lui était familière s'empara de sa main.

C'était Jaspin, palpitant et sans voix, qui n'osait embrasser son élève, et l'entraînait, malgré ses questions, vers un carrosse qu'on voyait attelé derrière une double rangée de fascines.

Jaspin poussa Gérard auprès de ce carrossé ; un parfum d'iris et de verveine s'en exhalait par les rideaux ouverts ; Gérard aperçut la noble et sereine figure de madame de Maintenon qui lui souriait.

— N'est-il pas blessé ? demanda-t-elle à Jaspin avec une familiarité si douce que le cœur du jeune homme en fut épanoui comme d'une caresse maternelle.

— Non, Dieu merci, madame, répondit Gérard.

— Vous faites bien de dire merci à Dieu, continua la marquise, car tout le monde a prié Dieu pour vous; et j'ai voulu, comme les autres, vous complimenter sur votre courage et sur votre bonheur. Maintenant je suis rassurée, le roi a conservé un bon serviteur.

— Et vous, madame, s'écria Gérard, un serviteur reconnaissant, qui n'eût pas regretté la vie, si au lieu de la sacrifier inutilement et sans gloire, il eût eu la fortune de la donner pour vous.

— C'est bien, c'est bien, murmura la marquise d'une voix émue; je retourne à Saint-Ghislain, j'y retourne heureuse... Au revoir.

Elle tendit la main hors du carrosse; Gérard s'inclina sur cette belle main avec respect; il lui sembla qu'elle cherchait ses lèvres et qu'elle s'y arrêtait une seconde de plus que Gérard n'eût osé la retenir.

— A qui dois-je encore mon salut? demanda-t-il à Jaspin, lorsqu'après le départ de la marquise il eut longuement embrassé son vieil ami. Est-ce vrai, Jaspin, que vous auriez demandé un secours pour moi, malgré mes recommandations? M. de Louvois me l'a reproché.

— Moi, s'écria Jaspin, je n'ai parlé qu'à M. de Rubantel, je vous le jure.

— Alors comment se fait-il que la marquise ait su mon danger?

— Ah! répliqua l'abbé, lorsque j'ai parlé à M. de Rubantel, toute la cour regardait les bombes : la marquise était si près du général, qu'elle aura entendu ce que je disais. Elle a pu se récrier, la chose en valait la peine, et pour peu que la marquise vous ait plaint seulement à demi-voix, le roi, qui a l'oreille fine, se sera ému.

— Vraiment, dit Gérard, j'ai là une protectrice qui remplace la Providence.

— Ecoutez donc, interrompit Jaspin, ce n'est pas surprenant, madame la marquise aimait beaucoup votre pauvre mère !

— Oh ! dit Gérard, une mère !... Hélas ! je n'ai plus la mienne, et celle de mon pauvre petit chevalier n'a plus son fils !

II

COMMENT JASPIN PRIT UNE BRÊME.

Louvois rentra de bonne heure à son quartier, il n'était pas content de sa journée. Lorsqu'il eut dévoré, comme le Minotaure, cette énorme pâture de travail que ses courriers lui apportaient deux fois par jour, lorsqu'il eut reçu les rapports de tous les officiers et satisfait au devoir de toutes ses charges, en un mot, lorsque la montagne de dépêches, de comptes et de notes, qui couvrait son bureau eut enfanté un monceau de notes, de comptes et de dépêches sortis de sa plume, Louvois regarda l'heure à sa montre : il était quatre heures du matin, ce n'était pas la peine de se coucher.

Il expédia ses estafettes, serra ses papiers, et, appuyant sur le dossier de son fauteuil sa tête brûlante que le travail avait fécondée au lieu de l'épuiser, il songea

Par quelle étrange fatalité tout ce qu'il entreprenait contre madame de Maintenon tournait-il contre lui? Etait-ce à cause du génie de cette femme? Non; il en avait autant qu'elle. Etait-ce à cause de la haine qu'elle lui portait? Non; elle en avait moins que lui.

Sans doute la marquise était bien appuyée, mais Louvois comptait des appuis aussi solides. Le roi finissait toujours par céder à madame de Maintenon; mais quand Louvois le voulait bien, le roi ne lui résistait jamais.

Comment se faisait-il que la marquise,

battue sur l'importante question de la déclaration de son mariage, battue sur toutes les questions importantes, se fût réfugiée dans de petites questions particulières où elle battait toujours Louvois ?

C'était là une véritable adresse ; la marquise, sérieuse et calme, s'attaquait à un caractère irritable et pointilleux. Elle le harcelait et lui faisait commettre chaque jour une petite faute qu'elle classait à côté des autres, comme dans une collection, se réservant sans doute d'additionner quand le total vaudrait la peine qu'on le mît sous les yeux du roi.

Eh bien! il ne fallait pas suivre la marquise sur ce terrain, il fallait, non pas dompter un caractère indomptable, Louvois n'y songeait pas, mais éviter avec le plus grand soin les occasions de se mettre en colère. Louvois s'était mis en colère chez madame de Lavernie, à Valenciennes, à Saint-Ghislain; il avait tué la comtesse, condamné Gérard, exposé le même Gérard au feu des partisans, trois énormes fautes puisqu'elles n'avaient point produit de résultats avantageux.

La première avait amené Jaspin chez madame de Maintenon, ces deux ennemis s'étaient soudés pour le perdre, la seconde avait fait nommer Lavernie officier dans l'armée de Mons, la troisième avait attiré à Louvois un affront devant toute la maison du roi assemblée. Désormais rien à faire contre Lavernie.

Mais pourquoi Lavernie se trouvait-il ainsi mêlé à toutes les disgrâces de Louvois. Hasard? Oh! non; les hommes trempés comme l'était celui-là n'appellent point hasard un événement qui se reproduit trois fois sous trois faces, qui se lève trois fois comme un marteau pour anéantir d'un triple coup des plans bien conçus, et lorsque cet événement se personnifie dans un ennemi tel que Gérard, lorsqu'il est créé par le souffle invisible d'une ennemie telle que madame de Maintenon, ce n'est plus hasard, fatalité, malheur qu'il faut l'appeler, car c'est une épée qui percera, une balle qui frappera, un souffle qui empoisonnera, et jamais l'idée n'est venue à personne d'attribuer au hasard la mort d'un homme tué par une épée, une balle ou un poison.

Alors Lavernie est l'instrument; et comment la marquise avait-elle choisi celui-là? se demandait Louvois. Parce que la comtesse de Lavernie avait été autrefois son amie? Oh! quelle puérilité.

Cependant, songea-t-il, le mot amie, ancienne amie, signifie tant de choses pour une femme! Il signifie les joies de la jeunesse, les confidences, les erreurs, les fautes; il signifie les secrets, comme disait Jaspin en ce jour maudit à Valenciennes : les secrets de madame de Maintenon!

Eh! malheureux, au lieu de te consumer chaque jour en des querelles de femme, mauvaise guerre dans laquelle tu combats à coups de canon, comme un brutal, une fourmi qui n'est jamais atteinte et dévore chaque jour plus profondément ta chair, malheureux contre qui l'on ruse, ruse de même, cherche, sonde, fouille, achète des aveux, et découvre-les donc, ces secrets de madame de Maintenon et de madame de Lavernie.

Quelqu'un les connaît—c'est Jaspin.—Eh quoi ? les mains puissantes, les mains adroites qui ont dénoué une à une toutes les trames de la politique européenne ne sauraient-elles dévider cette vulgaire bobine qui a nom Jaspin ?

Maintenant, la marquise, qui a choisi

St-Ghislain pour résidence, sait ou à peu près tout ce qui me concerne. Elle sait que j'ai placé Antoinette aux Filles-Bleues d'abord, puis aux Augustines de Valenciennes. Elle sait que je persécute cette Antoinette, car on doit m'appeler son tyran. Elle favorise Gérard de Lavernie en haine de moi, et voilà tout ce qu'elle sait. Elle ne devinera jamais autre chose. La Goberge lui-même, ce coquin échappé à ma colère, n'en sait pas plus que les autres.

Mettons les choses au pis : que madame de Maintenon découvre qu'Antoinette est ma fille, qu'elle en fasse un éclat, un scandale, cela ne fera pas même froncer le sourcil à madame de Louvois ; mes enfants crieront un peu, mes ennemis beaucoup : mais le roi n'osera rien dire, lui, qui a tant de bâtards à se faire par-pardonner.

Ainsi je laisserai Antoinette sous la main de la marquise jusqu'à la première bonne occasion : il en naîtra une, je l'espère. Ainsi je laisserai M. de Lavernie chanter ses victoires et roucouler ses amours ; cependant, souriant à tout le monde et poursuivant ma pensée, je découvrirai ce que je veux savoir ; tout le monde m'y aidera. La marquise elle-même, quand elle croira mes soupçons endormis, me laissera voir le fond de son âme.

De même que Vauban lorsqu'il a reconnu Mons s'est appliqué à l'endroit faible, et a ouvert deux tranchées, l'une vers cet endroit, l'autre vers un autre, pour donner le change aux assiégés ; de même j'attaquerai ce fameux secret tandis que la marquise me croira occupé seulement d'empêcher la déclaration de son mariage et les amours de ses protégés.

L'endroit faible est défendu par une

garnison qu'on appelle Jaspin, c'est là qu'il faut attaquer.

Le jour éclairait déjà la tente, et l'on entendait les tambours et les trompettes qui réveillent les soldats. C'était l'heure à laquelle Louvois se levait d'ordinaire. Le valet de chambre souleva un coin de la tapisserie. En voyant son maître la tête ensevelie dans ses deux mains, il le crut endormi sur sa correspondance : cela était si souvent arrivé! Mais Louvois se redressa au bruit. Il se fit habiller et coiffer, comme après une bonne nuit de sommeil, but son verre d'eau de Forges et demanda quels étaient les visiteurs déjà rassemblés dans l'antichambre.

Les noms qu'on lui cita ne lui offrant rien de fort intéressant, bien qu'on y vit figurer celui de M. Desbuttes, qu'il avait mandé, il fit seller un cheval et sortit par l'autre porte de son quartier pour faire à la fois une bonne inspection et une promenade.

Il n'avait pas fait deux cents pas qu'il aperçut, au bord du chemin creux où la veille il avait envoyé les chevau-légers, un personnage tranquille, vêtu d'un épais manteau noir, qui sollicitait le marais avec une canne assez longue dont il semblait faire l'usage qu'un ingénieur fait d'une sonde.

— Quelque apprenti de M. de Vauban, pensa-t-il. Il faudrait cependant dire à cet imbécile qu'il est inutile de sonder les mares comprises dans nos lignes et défendues par cent mille hommes de nos troupes.

L'homme au manteau poussait et ramenait sa canne dans l'eau avec un mouvement régulier qui excita la curiosité de Louvois. Ce mouvement n'était pas ordinaire. Lorsqu'on sonde, on cherche perpendiculairement le fond; mais le prétendu apprenti de Vauban imprimait à sa canne une secousse diagonale, tandis que son bras roide allait et venait comme le balancier d'une pendule.

Louvois, qui n'était point patient, n'eut pas observé cet homme pendant deux minutes qu'il s'approcha, bien étonné que le bruit de son cheval n'eut pas distrait le personnage.

— Eh ! monsieur, cria-t-il avec ironie, vous vous trompez de marais. Ce n'est point celui-ci qu'il vous faut sonder ! Vous volez l'argent de M. de Vauban !

Le personnage interpellé se retourna et tressaillit d'une désagréable surprise. Louvois poussa une joyeuse exclamation, car ce personnage était l'abbé Jaspin, avec lequel il désirait tant d'avoir un entretien.

Jaspin ôta son chapeau de la main gauche, sans interrompre son mouvement oscillatoire du bras droit.

— J'ai bien l'honneur d'être le très-humble serviteur de monseigneur, dit-il en tremblant de tous ses membres, — car il s'attendait tout au moins à une bourrade, tout au plus à un maigre salut de la tête.

— Eh, mais! dit Louvois épanoui, en

menant son cheval jusqu'au bord de la mare, après avoir maintenu son escorte à distance par un geste. Il me semble que j'ai le plaisir de saluer M. l'abbé Jaspin.

— Comme il a retenu mon nom, le tigre ! pensa l'abbé en s'inclinant de trois quarts sans cesser de balancer son bras, bien qu'il le ralentît un peu.

— Je me demande, excusez ma curiosité, mon cher monsieur, continua Louvois, je me demande ce que vous pouvez faire dans cette eau avec ce bâton que vous remuez ?

— Monseigneur... pardon... est-ce que c'est défendu ? dit Jaspin en s'arrêtant, avec une figure toute renversée—car il ne pouvait croire que Louvois l'eût appelé *cher monsieur* sans les plus terribles arrière-pensées.

— Défendu ? répliqua Louvois en s'approchant encore... mais je ne crois pas, bien que j'ignore absolument ce que vous faites, seul, et de si grand matin, devant cette eau froide que vous battez avec une perche.

— Monseigneur, je pêche, dit Jaspin.

— Ah ! Que ne disiez-vous cela tout de suite, s'écria Louvois avec une hilarité qui ne lui était pas naturelle, et qui acheva de confondre toutes les idées de Jaspin. Comment, vous pêchez ! et que pêchez-vous ?

— Monseigneur, j'ai l'intention de pêcher des brèmes ou des anguilles.

— Avec ceci.

Il montrait le bâton plus que jamais balancé.

— C'est une ligne, oui monseigneur.

— En vérité, monsieur Jaspin, voilà qui m'intéresse au dernier point. Expliquez-moi, je vous prie, comment on fait. J'ai des mares aussi chez moi, à Ancy-le-Franc et à Meudon ; je serais bien aise de savoir si l'on se divertit à pêcher, je m'y divertirais en mes moments perdus.

— Monseigneur, c'est extrêmement divertissant, répondit Jaspin blême de peur et en proie à l'idée qui lui était venue que Louvois, seul avec lui, était capable de le précipiter sournoisement dans cette eau noire dont malheureusement il connaissait la profondeur.

— Ainsi, vous êtes bien assuré qu'on

prend quelquefois du poisson de cette manière, M. Jaspin?

— Mais, oui, monseigneur. C'est ainsi qu'on excite le poisson à sortir de la vase ou des pierres. Il voit l'appât, il mord, et on le prend à l'hameçon en donnant un coup sec.

—'C'est bizarre, dit Louvois en descendant de cheval.

Jaspin qui surveillait tous ses mouvements faillit jeter un cri d'alarme en voyant celui-là. Mais, au même instant une secousse ébranla son bras; il oublia tout; l'amour de l'art l'emporta sur l'inimitié politique : Jaspin tira de l'eau et montra avec orgueil à Louvois une large brème qui, après deux ou trois efforts, revint pâmée à la surface, étalant aux premiers rayons du soleil son ventre argenté, ses nageoires roses et noires.

— Oh ! mais, le beau poisson ! dit Louvois enchanté du triomphe de Jaspin, parce que la joie de l'homme qu'on veut faire parler lui desserre le cœur et lui dénoue la langue. Me voilà converti à la pêche : je pêcherai.

Et il s'assit sur la berge auprès de l'abbé,

qui ne savait lequel des deux, du ministre ou du poisson, il devait admirer le plus.

Mais Louvois n'était pas venu complimenter Jaspin ; il ne s'était pas assis sur l'herbe humide, à ses côtés, pour parler longtemps de la pêche à la ligne.

Quant à Jaspin, il ne se flattait pas non plus d'avoir acquis un nouvel adepte au grand-orient des pêcheurs. Plus Louvois était gracieux, plus l'abbé se défiait.

— Je suis sûr, reprit Louvois, que vous m'en voulez toujours, M. Jaspin.

— Oh ! monseigneur, par exemple !

— Et que vous n'avez pas encore compris ma colère de Valenciennes.

— Oh ! monseigneur, les petits n'interrogent jamais le fond de l'âme des grands.

— C'est bien répondre ; mais vous n'êtes pas homme à ne pas interroger, vous.

— Monseigneur, jamais !

— Savez-vous, M. Jaspin, que vous avez

manqué de me brouiller avec madame de Maintenon ? je ne vous l'eusse jamais pardonné. Quoi ! vous êtes un ami intime de la marquise et vous ne me le dites pas ! Heureusement, on sait son monde, M. Jaspin, ajouta Louvois en attachant sur le pauvre homme un de ces regards avec lesquels il fouillait le fond du cœur; heureusement, on connaît les causes de cette amitié...

Jaspin oublia un moment sa ligne pour regarder Louvois à son tour.

— Ce qui fait, continua Louvois, qu'au lieu de vous garder rancune, j'ai pris pour vous infiniment d'estime, que je vous témoignerai à l'occasion.

L'abbé fut étourdi d'abord par ce moulin à compliments et effarouché par ces réticences : mais il était d'un sens droit, il réfléchit qu'en parlant avec un homme aussi fort, il ne manquerait pas de dire quelque sottise, tandis qu'en se réservant il embarrasserait Louvois s'il ne le pénétrait pas.

— Monseigneur, répliqua-t-il, me fait l'honneur de se moquer de moi.

— Comment cela, monsieur Jaspin.

— Monseigneur sait très-bien que je ne puis être honoré de l'amitié de madame de Maintenon.

— Et pourquoi.

— Parce que je ne la connaissais pas il y a huit jours, et que je l'ai vue pour la première fois à Valenciennes.

— Pour la grâce de M. de Lavernie?...

— Oui, monseigneur.

— Grâce qui vous a été accordée si

vite par la marquise, que ce ne peut être pour vous qu'une amie.

Jaspin réfléchit encore. Evidemment Louvois lui tendait un piége, puisque la grâce avait été obtenue au nom de M. du Maine. Mais il convint à Jaspin de donner dans le piége et de ne pas nier la participation de madame de Maintenon.

— Oh! monseigneur, comment madame la marquise eût-elle refusé de protéger le fils d'une si chère amie!

— Il paraît que c'était une vieille amitié?

— D'enfance, monseigneur.

— Voilà ce que vous eussiez dû me dire tout de suite quand vous avez sollicité près de moi, monsieur Jaspin.

— On ne pense pas à tout, monseigneur; j'étais si troublé!

— Au lieu de cela vous m'avez dit mille énormités, vous rappelez-vous?

— Mon Dieu, non, monseigneur, mais j'en suis bien capable.

— A vous entendre, ce M. de Lavernie

était l'arche sainte; il n'y fallait point toucher, madame de Maintenon m'eût fait lapider.

— Quoi j'ai osé...

— Vous avez fait plus, vous m'avez appelé Aman.

— Il n'est pas possible!

— Et vous m'avez prédit ma ruine si je touchais *aux secrets de madame de Maintenon*. Vous voyez que j'ai compris et que j'ai respecté ces secrets.

Louvois souriait, mais avec trente-deux dents dévorantes.

Jaspin prit son air d'agneau.

— Quels secrets? dit-il.

— Je ne sais pas, moi, c'est vous qui devez savoir.

— Ah! pardon, monseigneur, c'est qu'il me semble que je rêve; en vérité vous m'avez inspiré bien de la terreur à Valenciennes pour que j'aie ainsi perdu la tête et extravagué!

Louvois se refroidit tout-à-coup en devinant le jeu serré de cette prétendue bobine.

— Extravagué? répéta-t-il, oh! vous en êtes incapable, M. Jaspin; je ne connais pas de meilleure tête que la vôtre. Voyons, nous sommes bien seuls, ne jouez plus aux fins avec moi, je vous reconnais maître.

— Encore une plaisanterie de monseigneur.

— Non, je ne plaisante pas, monsieur

Jaspin. Quoi! tout ce que vous m'avez dit alors de la colère que me témoignerait madame de Maintenon... extravagances?

— Mais... oui, monseigneur.

— Et ces mots : savez-vous ce que c'est que M. de Lavernie?

— Le fils de l'amie intime de madame...

— Fort bien. Et cette menace, si je touchais aux secrets...

— J'étais fou à lier; la douleur m'avait détraqué la cervelle.

Louvois se leva :

— Monsieur Jaspin, dit-il, souvenez-vous de ce que je vous déclare : si madame de Maintenon vous offrait un million, je vous en donnerais deux; mais si elle ne le vous donne pas, ce million que vous valez, elle sera bien ingrate; alors pensez à moi. En attendant, je vais tâcher de faire mes affaires moi-même.

Jaspin ouvrit de grands yeux sincèrement effarés.

— Voyez-vous, continua Louvois, il en

est de vos secrets comme des poissons qui sont dans cette mare : vous les cherchez, ils vous fuient; vous en accrochez bien par ci par là quelqu'un avec votre hameçon, comme j'ai attrapé une bribe de vos mystères avec mes questions; mais supposez que je fasse dessécher demain cette mare par mes terrassiers, je verrai au fond barboter et s'offrir à moi haletants tous les poissons que je ne vois pas à cette heure. C'est un peu plus long, c'est uu peu plus cher, mais c'est tout-à-fait sûr. Eh bien, cher monsieur Jaspin, je dessécherai la mare. Adieu, vous ne savez pas ce que vous perdez.

Et Louvois dépité de n'avoir rien tiré

de cette probité tenace ou de cette ambition insatiable, s'en revint à son cheval, non sans avoir regardé plusieurs fois en arrière comme un acheteur qui attend que le marchand le rappelle. Mais Jaspin, heureux d'en être quitte ainsi, se gardait bien de bouger.

A côté des laquais de Louvois, attendait un personnage tout brodé d'or, bien qu'il fût à peine cinq heures du matin. Cet homme saluait les laquais, les chevaux et faisait des révérences à Jaspin et à Louvois, au-devant duquel il arrivait peu à peu les pieds en dehors, comme s'il eût marché sur des œufs.

C'était Desbuttes. Louvois le reconnut à sa plate figure, Desbuttes qui s'applaudissait d'avoir été baptisé par un homme que le grand ministre regardait pêcher.

— Que faites-vous là, dit Louvois brutalement à celui-ci sur lequel il comptait se venger de l'autre.

— Monseigneur, j'attendais que vous eussiez fini de causer avec mon parrain, répliqua le financier.

— Votre parrain! dit Louvois... qui cela?

— Monsieur l'abbé Jaspin, monseigneur, c'est mon parrain... bien par hasard, c'est vrai, mais enfin il l'est et je m'en honore.

Jaspin entendit, aperçut Desbuttes. Il se retourna, s'élança vers lui, et involontairement, dans la peur qu'il eut de son indiscrétion, lui fit signe de se taire.

Louvois saisit le mouvement d'effroi et le geste. Le visage de l'abbé lui révéla une inquiétude mortelle.

— Ah! ah! murmura-t-il lentement,

on dirait que Mutius Scevola tremble pour ses secrets... Venez donc, monsieur Desbuttes, et contez-moi un peu ce baptême-là.

Jaspin resta béant à voir s'éloigner le ministre avec Desbuttes, et la canne lui tomba des mains.

III

COMMENT M. DE LOUVOIS PRÍT JASPIN.

Desbuttes ne se sentait pas d'aise de marcher côte à côte avec M. de Louvois. Et cependant le financier n'avait pas l'air d'un homme parfaitement heureux. Cette

convocation chez le ministre l'inquiétait.
Il y avait quelques symptômes de tristesse sur sa figure. Quel soleil n'a pas ses taches !

Louvois commença par demander à Desbuttes comment il se trouvait là sur ce chemin, au lieu d'avoir attendu au quartier. Desbuttes répondit qu'étant allé au quartier de monseigneur pour se trouver à son audience, il n'avait pu être reçu; qu'il lui semblait avoir entendu comme un pas de chevaux hors du quartier, à une autre porte; que l'idée lui était venue que peut-être monseigneur était sorti; qu'alors lui, Desbuttes, était sorti de même et avait dirigé sa promenade *par hasard* du côté de ce chemin, où sa bonne étoile l'avait mis en présence de monseigneur.

Le drôle se garda bien de dire qu'il avait questionné l'huissier avec cette fraternité particulière aux gens qui ont été un peu laquais eux-mêmes; que sa question, accompagnée d'une pistole, avait produit les meilleurs résultats, et que l'huissier avait indiqué de quel côté s'était dirigé Louvois : en sorte que Desbuttes avait couru de ce côté pour être plus tôt délivré de ses angoisses.

— Comment, interrompit Louvois, vous êtes le filleul de l'abbé Jaspin ?

— Oui, monseigneur.

Ici Louvois s'arrêta. Etait-il bon de questionner aussi brusquement cet homme sur un sujet si délicat. Si le filleul savait quelque chose, parlerait-il contre les intérêts de son parrain? Fallait-il encore donner un coup d'épée dans l'eau, se faire battre une seconde fois sur le même terrain?

Louvois, avant de poursuivre, regarda le visage de Desbuttes. Il y avait trop d'astuce et d'avidité sur cette face pour qu'on ne gagnât point quelque chose à essayer de lui faire commettre une trahison. D'un autre côté, cette astuce pouvait servir à dérouter l'interrogateur sans compromettre l'interrogé. Décidément, la circonspection était de rigueur.

Louvois regarda à sa montre pour savoir s'il aurait le temps de diplomatiser avec ce rustre; il lui restait un quart d'heure.

— C'est assez, se dit-il, je n'ai rien arraché à Jaspin, qui est un homme sans vices; mais celui-ci est un fieffé voleur, je vais l'effrayer, il parlera.

— Eh bien! monsieur, reprit-il tout

haut, puisque vous voulez de moi une audience, je vous l'accorde; parlez.

— Mais, monseigneur ne se rappelle donc point que c'est lui qui a daigné me mander auprès de sa personne; je n'ai fait qu'obéir avec une grande joie, c'est vrai.

— Mandé ou non, parlez, n'avez-vous pas des comptes à me rendre?

C'était là un mot effrayant, Louvois en calcula toute la portée. Des comptes, à un traitant!... Desbuttes changea de couleur.

— Ah bien! pensa Louvois, en voilà un que je pêcherai au moins, il mord celui-là.

— Je suis prêt à rendre compte à monseigneur, dit Desbuttes en maltraitant fort la broderie de son habit.

— Vous aviez la fourniture d'une division de l'armée.

— Grâce à vos bontés dont je serai éternellement reconnaissant, monseigneur.

— Eh bien... vous avez passablement volé, n'est-ce pas?

— Oh ! monseigneur, je vois ce qu'il en est, on vous aura dit que j'avais gagné des sommes folles.

— Des millions... oui, on me l'a dit, et c'est vrai. Si ce n'était pas vrai, vous ne seriez pas l'homme que vous êtes, monsieur Desbuttes. Allons, comptons, comptons...

— Mais ce qu'on vous a dit, s'écria Desbuttes éploré, est fort exagéré, monseigneur, car...

— Cela m'a été dit par quelqu'un de bien informé, par un de vos amis...

— Mais...

— Et vous avez acheté un château, une terre, que sais-je ?

— Oh ! monseigneur...

— M. Desbuttes, on n'a pas le droit de s'enrichir ainsi en un mois quand le roi est si gêné.

— Mais je ne suis pas riche !

— Et le château ?

— Une bicoque ?

— Et la terre ?

— Quelques arpens...

— Et l'habit d'or !

— Monseigneur, un nouveau marié cherche à se faire beau pour plaire à sa femme.

— Ah! c'est vrai, j'oubliais que vous êtes marié ; encore un grief que j'ai contre vous. Comment, vous qui me devez votre fortune, avez-vous été assez mal élevé pour ne me point demander mon consentement ?

— Monseigneur, je suis si peu de chose.

— Vous aurez épousé quelque héritière ? demanda Louvois qui se rappelait parfaitement ce que La Goberge lui avait dit de Violette fiancée d'abord à Belair, encore une nichée d'ennemis. Mais il voulait voir si Desbuttes mentirait.

—Monseigneur, s'écria celui-ci, je vous jure que ma femme ne possède pas un sol.

— Bah !... bah !...

—Oh ! si elle eût apporté au moins une dot, dit Desbuttes avec un soupir qui révélait bien des tempêtes cachées au fond de ce ciel conjugal ! Mais non, pas même d'argent!

Louvois sourit méchamment.

— On dirait que vous n'êtes pas satisfait de la jeune dame ? demanda-t-il. Est-elle d'une bonne famille, au moins ? Est-elle belle ? Est-elle sage ?

— Monseigneur, elle est fort belle, trop belle, en vérité. Quant à la sagesse... je crois, j'espère... je ne sais pas. Quant à la famille, elle n'en a plus ; son père était l'unique parent qu'il lui restât, et elle vient de le perdre : le père Gilbert est mort voilà tantôt quinze jours.

— Gilbert! s'écria Louvois en dressant l'oreille.

— Oui, monseigneur.

— Qu'était ce Gilbert? poursuivit le ministre en contenant sa fougue.

— Un soldat... un vieux vaillant.

— Il me semble que je connais ce nom, dit Louvois palpitant, je connais tous les soldats de l'armée, moi... Ce Gilbert n'é- n'était-il pas...

— Aveugle, monseigneur.

— Et ?...

— Et jambe de bois... Il avait été ainsi blessé le même jour dans la tranchée de Maëstricht.

—Et... Violette est sa fille ?... interrompit Louvois frappé de crainte.

—Monseigneur daigne savoir le nom de ma femme ?

—Je sais tout ! répondit Louvois.

Et sur-le-champ :

— Ce coquin, pensa-t-il, n'aurait-il pas appris quelque chose par Gilbert ?

— Où est mort votre beau-père ? demanda Louvois, comment est-il mort ?

— Pauvre, malgré mes bonnes intentions, monseigneur, car je vous jure que j'avais l'intention de le bien soigner dans ses vieux jours, le cher homme.

Louvois, un peu rassuré, songea que

Desbuttes n'oserait pas lui faire ainsi l'éloge de Gilbert, ni se vanter de ses bonnes intentions pour lui, au cas où ce Gilbert aurait avoué l'aventure du coffret et les persécutions de Louvois.

— Je vous ai demandé où votre beau-père était mort ; à votre château, sans doute ?

— Non, monseigneur, dans sa pauvre petite maison loin d'ici, assisté seulement de sa fille qui ne l'a pas quitté, qui lui a fermé les yeux, car elle l'aimait tendrement, et c'était touchant de voir ce père et cette fille...

— Vous avez vu...

— Oh non, monseigneur, jamais ; mes occupations, les fonctions dont vous aviez daigné m'honorer me retenaient à Valenciennes et m'avaient séparé de ma femme le jour même du mariage.

Louvois était resté plongé dans ses perplexités. N'était-ce pas une incroyable persécution du sort que ce secret de la naissance d'Antoinette, toujours éteint, se rallumant toujours ? Gilbert était mort, et au lieu d'emporter dans la tombe ce qu'il avait pu surprendre à Maëstricht, il en léguait peut-être la mémoire à une femme jeune, vivace, ambitieuse, liée à tous les ennemis de Louvois ! Encore une créature que Louvois allait être forcé de haïr, de craindre et de détruire.

Desbuttes remarqua cette profonde prostration de son protecteur. On pense bien qu'il respecta son silence et retint son souffle pour ne pas troubler une si précieuse méditation.

— Ce Desbuttes ne sait rien, pensa le ministre, il n'est pas aimé de sa femme.

Et brutalement :

— Pourquoi votre femme vous a-t-elle épousé ? dit-il, pour votre argent ?

— Hélas ! monseigneur sait donc tout !

—Tout, vous dis-je. Elle est froide avec vous, dit-on ?

— Oh ! froide... si monseigneur disait glacée.

— A quoi attribuez-vous cela ?

— Mais, monseigneur...

— Parlez, j'ai l'oreille intelligente.

— C'est si délicat, monseigneur.

— Nullement. Je vais vous mettre à l'aise ; ne recevez-vous pas chez vous des gens qui vous gênent ?

— Mais...

Mais n'avez-vous pas eu dernièrement M. de Rubantel ?.. M. de Lavernie ?.. Monsieur...

— Belair, s'écria vivement Desbuttes.

— Oui, qu'est-ce que ce Belair ?

— Un musicien.

— Pourquoi un musicien chez vous ?

Est-ce que vous aimez à ce point la musique ?

— Ce n'est pas moi.

— C'est votre femme ? fort bien ! Que venaient faire chez vous tous ces messieurs.

— Ils passaient, monseigneur.

— Vous êtes bien assuré de n'avoir pas comploté quelque chose avec eux ?

—Moi, monseigneur ! s'écria Desbuttes effrayé, moi comploter ! et quoi donc ? et contre qui ?

— Mais, contre moi, par exemple.

— Monseigueur me donne la chair de poule ! Moi, ourdir des complots contre mon bienfaiteur !

— Cela c'est vu.

— Mais monseigneur va me faire pleurer. A quel propos monseigneur concevrait-il de moi une pareille idée ?

— M. Desbuttes, c'est que M. de Lavernie et M. Belair sont des ennemis mortels à moi.

—Eh ! monseigneur, que me faites-vous l'honneur de me dire ?.. ce Belair, cet histrion...

— Voilà.

— Et il apprend la guitare à ma femme !... et je souffrais cela... Oh ! mais je vais le chasser...

— Pourquoi ? si votre femme se plaît dans la société de ce musicien... cela vous attirera des querelles de ménage.

— J'en ai déjà trop !

— Ah ?

— J'avalais assez de couleuvres !

— En vérité, monsieur Desbuttes.

— Oh !...

Et le traitant résuma dans cette seule exclamation tout le poème de ses conjugales douleurs.

— Vous auriez quelques soupçons ? dit Louvois d'un air de compassion.

— Hélas ! monseigneur.

— M. Desbuttes il faut avoir des certitudes.

— Comment faire ? on se moquerait de moi.

— Je vous croyais homme d'esprit ; allons, je vois ce qu'il en est : vous êtes un jaloux sans cause; et tant mieux, sinon, je vous eusse aidé, vous le pouvez croire. Car enfin j'y ai intérêt, ces amis de votre femme étant mes ennemis.

— Oh! monseigneur, comme je vais donner congé à ce Belair!

— Vous me désobligeriez infiniment, dit Louvois d'un ton sérieux. Agissez pour vous et non pour moi. Il me suffit de savoir que le jour où vous avez reçu Messieurs de Rubantel et Lavernie, ces messieurs passaient, et qu'il n'y avait pas entre eux et vous de connivence.

—Oh! je le jure bien, et d'ailleurs ils venaient chez moi avec mon parrain... tenez, Monseigneur, demandez-le lui à lui-même, c'est un brave homme incapable de mentir, interrogez-le, il vous dira que je ne connaissais pas M. de Rubantel, ni M. de Lavernie, bien que j'eusse été marié dans la chapelle de ce dernier par mon parrain lui-même.

— Ah! encore ce détail, dit Louvois; par quel hasard alliez-vous à Lavernie?

— Monseigneur, c'était mon chemin en revenant de chez moi.

— Comment de chez vous? Quel chez-vous ?

— Du pays où je suis né, du village où j'ai été baptisé.

— Expliquez-vous, dit Louvois, qui avait enfin, par un si habile détour, ramené Desbuttes à ce fameux baptême.

Desbuttes raconta au ministre comment Jaspin, passant dans le village avec une femme, avait fortuitement servi de parrain à cet enfant que tout le monde repoussait.

— Eh bien, se dit Louvois, qu'y a-t-il

là de si effrayant pour que Jaspin s'en soit effrayé ainsi tout-à-l'heure. Il doit y avoir autre chose; voyons.

— Quel homme est-ce, votre parrain? demanda-t-il.

— Mais, monseigneur, un très-digne homme.

— Vous allez avoir là une protection bien puissante.

— Ah! fit Desbuttes ravi.

— Oui, un ami de madame de Maintenon.

— Ah! répéta Desbuttes, mon parrain est ami de madame...

— L'ignoriez-vous? interrogea Louvois du geste, de la voix, du regard.

— Monseigneur, ce n'est pas étonnant, je ne le connais pas, moi, mon parrain, je ne l'ai vu que cinq à six fois au plus dans ma vie.

— Tout cela, pensa Louvois, ne me donne rien et n'explique pas les terreurs de Jaspin. Ah! j'y songe : cette femme qu'il avait avec lui en passant dans le village... Un prêtre qui mène avec lui une femme... il y a peut-être là quelque chose...

— Dites-moi, Desbuttes, demanda Louvois, vous me parlez toujours de votre parrain; mais votre marraine?

— Oh! c'est différent, monseigneur; le parrain, je le connais bien un peu; mais la marraine, je ne la connais pas du tout.

— Cependant... puisqu'elle était là, accompagnant M. Jaspin?

Desbuttes haussa l'épaule comme quelqu'un qui ignore.

— Je ne l'ai jamais revue, monseigneur, et mon parrain ne m'en a jamais parlé.

— Ah!... c'est ici que commence le louche, se dit Louvois. Nous devons trouver là quelque pécadille contre un des sept commandements. Comment s'appelle votre marraine, Desbuttes?

— Monseigneur, je ne vous dirai pas. J'ai été lever mon extrait de baptême au village quand j'ai dû me marier, et je ne l'ai pas seulement lu. Il n'y a rien d'étonnant; comme c'est mon parrain qui m'a marié, il ne m'a pas même demandé de lire cet acte qu'il connaissait mieux que personne.

— C'est juste; mais cet acte, vous l'avez?

— Dans mes papiers, oui, monseigneur.

— Vos papiers, où sont-ils?

— Dans mon portefeuille que j'ai apporté pour offrir mes comptes à monseigneur; le portefeuillle est dans mon carrosse...

Ils étaient près du quartier qu'on voyait à cent pas.

— C'est votre carrosse, ce bel équipage si bien attelé?

— Oui, monseigneur, je l'avais fait faire pour ma femme, mais elle ne veut point y monter parce que j'ai fait peindre des amours sur les panneaux.

— Décidément, vous êtes un mari à plaindre, cher monsieur Desbuttes, dit Louvois. Nous allons aviser à cela. Allez me chercher votre portefeuille.

Desbuttes courut ; cependant, Louvois aperçut Jaspin qui, dans ses transes, avait quitté la ligne et suivi de loin les deux promeneurs. Cette nouvelle maladresse du bon abbé aiguisa les soupçons du ministre.

Desbuttes arriva portant le carton qu'il offrit respectueusement à son maître. Il y avait déjà cherché l'extrait de baptême, afin d'épargner une peine à Louvois.

— Monseigneur, dit-il, c'est comme une fatalité. Je suis destiné à l'anonyme. Ma marraine ne savait pas écrire et a signé d'une croix.

— Oui, mais son nom doit avoir été

écrit dans l'acte par le prélat qui l'a rédigé.

— Monseigneur, c'est un nom illisible et impossible... Babolein... Barbin...

Louvois prit le papier, y appliqua sa vue perçante, cette vue qui eût pénétré jusqu'au centre de la terre, — *N. Balbien servante*, — s'écria-t-il avec une explosion qui fit reculer Desbuttes.

Et il s'empara du papier avec un tremblement de joie.

— C'est bon, c'est bon, laissez-moi,

dit-il en renvoyant Desbuttes, je vous dispense de vos comptes, laissez-moi, je vous rappellerai tantôt, j'ai une mission à vous donner.

Desbuttes s'en fut ébloui, stupéfait, à reculons.

— Et silence! sur votre vie! lui dit Louvois en fronçant son terrible sourcil.

Le traitant s'esquiva.

— Ah! mademoiselle Balbien, servante de madame Scarron, est la commère de

M. Jaspin!... murmura Louvois. Je commence à comprendre pourquoi l'abbé avait peur..... Eh! eh! il me semble que moi aussi j'ai pêché ce matin un gros poisson.

Ah! M. Jaspin prétend qu'il ne connaissait pas madame de Maintenon, et il connaissait depuis trente ans sa servante qui ne l'a jamais quittée... Il a menti, donc le secret est là.

IV

LE CONSEIL DU ROI D'ANGLETERRE.

Vauban avait eu raison. Ces partisans, dont la présence en corps avait tant surpris l'armée française, étaient l'avant-garde des troupes que Guillaume s'était empressé de lever dès qu'il avait appris l'investissement de Mons. Il avait choisi à cet effet les plus ardents des réformés chassés de France par la persécution de 1686, et incorporés dans l'armée anglaise : ceux-là qui l'avaient aidé à gagner l'année précédente la bataille de la Boyne sur Jacques II.

Nous savons comment Guillaume avait reçu de Van Graaft conseil et argent. Les deux amis étaient partis le jour même pour La Haye, d'où le roi d'Angleterre avait expédié à tous les princes confédérés contre la France l'avis du siége et des exhortations à une rude défense. Il fixait le rendez-vous général des troupes que les confédérés enverraient, à Notre-Dame-de-Hall, petite ville située entre Bruxelles et Mons, à dix lieues de celle-ci et trois de celle-là; et pour commencer, il amenait quatre mille Anglais et différentes troupes tirées des garnisons les moins exposées de Flandre.

Louvois avait bien levé une armée de cent mille hommes en deux mois — et sans bruit. — Guillaume comptait sur sa dévorante activité pour lever trente à quarante mille hommes en dix jours. C'était selon lui dans la proportion de son génie à celui du ministre français.

Mais ce que l'homme ardent, infatigable et haineux voulait et pouvait faire, les autres princes ne l'essayèrent même pas. Ils s'étaient endormis avec l'idée de ne se réveiller qu'au mois de mai comme le soleil. Leur heure n'était point sonnée. — Ils dormaient toujours.

En vain Guillaume usait-il les chemins avec le fer de ses chevaux pour envoyer messagers sur messagers à ses alliés fainéants; en vain se consumait-il à courir de Hall jusqu'aux lignes françaises pour entendre le canon; des lignes jusqu'à Bruxelles pour interroger la route que devaient suivre les renforts. — Rien ne venait du côté de Bruxelles, tandis que du côté de Mons chaque jour la fumée était plus noire, le feu plus clair, le bruit des écroulements plus grand.

Cependant il fallait secourir Mons à tout prix. Le prince de Bergues, gouverneur de la place, s'y attendait. Malgré la rigueur du blocus, s'échappait de temps en temps, à la faveur de la nuit ou d'une sortie, quelque courrier de la ville portant à Guillaume le récit effrayant des progrès des assiégeants.

Tantôt c'était la perte de quelque bon ingénieur tué sur ses ouvrages, tantôt la ruine d'un quartier, tantôt la destruction de quelque magasin important pour l'artillerie ou pour les subsistances; et chaque fois qu'une semblable nouvelle lui arrivait, Guillaume désespéré demandait aux assiégés un peu de patience, et souhaitait d'avoir des ailes pour franchir les lignes françaises et tomber tout à coup dans la ville, que son bras, son énergie, son seul regard eussent soutenue quinze jours de plus.

Van Graaft, silencieux et calme, habitait comme un meuble une chambre du quartier-général, contigue à celle du roi. Son tabac, son thé préparé par La Goberge, le portrait d'Eléonore et le nom de Brossmann écrit en gros caractères sur l'unique papier qu'on aperçût sur sa table, lui suffisaient, en apparence, pour occuper ses journées. Quelquefois cependant, il accompagnait Guillaume dans ses visites aux lignes, et se faisait indiquer par La Goberge tous les cavaliers ou gentilshommes français qu'on pouvait apercevoir de loin avec la lunette et qui avaient quelque ressemblance de taille, d'allure ou d'habits avec Louvois.

Car les pensées de Van Graaft, au lieu d'être tournées, comme celles de Guillaume, à l'arrivée des troupes, au ravitaillement de Mons et à une bataille qui fît lever le siége, se concentraient uniquement sur ce but : prendre Louvois ou le tuer. C'est pourquoi chaque courrier de Guillaume qui retournait à Mons était chargé, par le roi, de dire au prince de Bergues : Défendez-vous bien et attendez-moi; — par Van Graaft, de dire aux canonniers et aux tireurs : Il y a dix mille florins pour celui qui tuera Louvois.

Les jours s'écoulèrent, quelques maigres détachements arrivèrent à Hall, sans munitions, sans ardeur : les princes confédérés demandaient à Guillaume six semaines pour se mettre en campagne, et le prince de Bergues faisait dire par toutes les voies possibles qu'il ne tiendrait pas au-delà d'un mois.

Guillaume faillit devenir fou de douleur et d'impatience.

Il essaya de lier avec la place des correspondances suivies, mais ses espions furent pris, et pendus lorsqu'ils ne voulurent point parler. Ils furent payés grassement lorsqu'ils avouèrent. En sorte que, le bruit s'étant propagé de la munificence de M. de Luxembourg, et la potence ayant été aperçue, les honnêtes espions devinrent excessivement rares, tandis que les traîtres pullulaient autour de Guillaume.

Le roi d'Angleterre chercha donc tous les moyens de secourir Mons avant l'arrivée des confédérés, et il imagina que le meilleur serait de préparer un corps de soldats éprouvés, de se tenir à distance des lignes et de profiter d'une sortie que ferait la garnison pour faire pénétrer ce corps dans la place.

Mais comment M. de Luxembourg, qui gardait avec quarante mille hommes tout le pays depuis Saint-Denis et Le Casteau, laisserait-il passer un corps de troupes marchant sur Mons? Voilà pourquoi ces partisans que nous avons vus dans les marais s'étaient divisés, déguisés, et avaient bravement franchi les lignes françaises dans les endroits où la nature du terrain ne permettait pas qu'on établît des postes. Quant au feu meurtrier qu'ils avaient fait, c'était pour favoriser à la fois la tactique de Guillaume et la vengeance de Van Graaft.

Celui-là leur avait recommandé d'attirer l'attention sur eux et de se faire attaquer au moment où la sortie de la place aurait lieu. Il espérait que la ligne française se dégarnirait pour faire face à cette double attaque, et que, par le vide, un détachement d'Anglais pourrait pénétrer dans Mons avec des munitions et des vivres; l'autre espérait que les chefs accourraient au bruit du combat, et qu'il y aurait pour le facteur Brossmann une balle au moins parmi toutes celles qui fendraient l'air en ce moment.

Mais Guillaume et Van Graaft furent trompés dans leur attente. L'espion qui avait dû avertir le prince de Bergues de préparer une sortie fit, il est vrai, son devoir et la sortie eut lieu. Mais le détachement de partisans n'avait pu se rallier encore, et lorsqu'il fit son mouvement les troupes de la garnison étaient déjà culbutées et ramenées dans Mons.

Les lignes françaises s'étaient refermées impénétrables. Guillaume, à une demi-lieue en arrière, se rongeait les poings à la tête de ses Anglais tous prêts à percer la ligne s'ils y avaient vu jour. Enfin, après une stérile fusillade, le marais fut enlevé par les gardes françaises, et les partisans disparurent dans la nuit et les hachures du terrain, ne rapportant point même à Van Graaft la victime qu'il espérait.

Lorsque les bandes éparses revinrent trouver Guillaume, le roi ne leur fit aucun reproche. Il laissa Van Graaft murmurer contre les maladroits qui avaient manqué Louvois et contre le mauvais génie qui protégeait cet homme. Le compte qui lui fut rendu de ce combat, de la supériorité des troupes, de l'activité de leurs généraux, ce qu'il avait vu par lui-même des bombes nouvelles lancées par Vauban, l'inaction de ses alliés, enfin, le confirmaient dans l'idée que Mons ne serait pas défendu par la force.

Guillaume s'enferma dans sa chambre, à Hall, souffrant cruellement et dissimulant à chacun ses souffrances. Le comte d'Owerkerque, son grand écuyer, entra chez lui amenant un homme échappé de Mons pendant la sortie, et qui, blessé à la tête, avait feint d'être mort, puis, après le combat, avait réussi à franchir les lignes pour apporter au roi d'Angleterre des nouvelles, si mauvaises qu'elles fussent.

Guillaume était couché sur une chaise basse et profonde. Toute la vie de son corps s'était réfugiée dans ses grands yeux perçants. Depuis vingt-quatre heures qu'il avait respiré l'air humide des marais et piétiné dans la fange avec ses soldats, il sentait ses poumons engorgés, sa bouche brûlante, et la toux plus féroce que jamais sifflait dans sa poitrine et brisait sa tête en éclatant.

Le roi se fit raconter par le fugitif tous les détails de la sortie; il loua le soldat de sa bravoure et de son intelligence, puis, abordant le véritable sujet de l'entrevue :

— Et Mons? dit-il.

— Sire, Mons est divisé en deux villes — la ville militaire et la bourgeoisie — la première est zélée, vivace, elle peut durer six mois; la seconde a peur des bombes, non parce qu'elles tuent, mais parce qu'elles brûlent et démolissent les édifices et que les bourgeois sont propriétaires.

— C'est juste, répondit le prince, en sorte que les bourgeois sont plus mous et refusent le service.

— Pis que cela, sire, ils parlent de se rendre.

Guillaume se releva sur un coude.

— Déjà! dit-il.

— Le gouverneur, heureusement, les

a mis à la raison. Mais V. M. sait que nous ne sommes à Mons que quatre mille soldats, et qu'il y a dix mille bourgeois.

— Un soldat vaut dix de ces hommes, s'écria Owerkerque.

— Soit, répliqua Guillaume avec douceur, mais tandis que la garnison se battra contre les bourgeois, elle ne se battra pas contre les Français?

— Précisément, dit le soldat.

— Fort bien, tu es un brave homme,

et je regrette que tu ne sois plus dans Mons, mais je te mettrai ailleurs.

— Près de vous, par exemple, dit le soldat, je vous serai utile. Je suis un enfant de la province; je suis né à Saint-Ghislain. J'ai fait plus d'un million de fois la route de Mons à ce pays et à tous ceux des environs. Il n'y a pas un brin d'herbe, une pierre, un trou et une goutte d'eau que je n'y connaisse.

—Saint-Ghislain! murmura Guillaume, tu es né à Saint-Ghislain?

— J'y servais avec ma femme en qualité de jardinier chez les Clarisses, là où sont aujourd'hui les religieuses françaises et la maîtresse du roi de France.

Le roi parut plongé dans une profonde rêverie. On vit paraître au seuil de la porte van Graaft, qui avait entendu ce dialogue et qui arrivait pour mieux entendre encore.

C'était un tableau muet comme tous les tableaux, mais qui pourtant ne manquait ni d'éloquence, ni de caractère : le prince, pâle, à demi-couché, l'œil fixe, sur un oreiller de point de Malines dont la blancheur contrastait avec le velours noir de son habit et les flots sombres de ses cheveux en désordre; l'écuyer tout armé, appuyé sur le fauteuil de son maître; Van Graaft impassible, arrêté sous la portière de lourd damas rouge, et à quelques pas, le soldat au front ensanglanté qui fuyait, pour ses yeux, le soleil pénétrant dont le milieu de cette chambre était inondé.

— Ainsi, répéta le roi, tu connais parfaitement tout Saint-Ghislain?

— Oui, Sire.

— Le couvent? son jardin? ses portes et ses abords?

— Oui, Sire.

— Et aussi le petit canal qui commence dans le bois et aboutit à la pièce d'eau du couvent ?

— J'y ai tant pris d'écrevisses, Sire, lorsque j'étais enfant; j'ai même failli une fois me noyer sous la voûte de ce canal, qui va jusqu'à une demi-lieue hors de la ville.

— Assez ! assez ! fit Guillaume du geste plutôt que de la voix. Owerkerque, dix florins à ce garçon, qu'on le panse et qu'il guérisse vite.

Owerkerque sortit avec le soldat.

Alors Guillaume et Van Graaft, demeurés seuls, se regardèrent l'un l'autre en silence.

— Il faudra donc, dit enfin Van Graaft, laisser prendre Mons. Non, n'est-ce pas?

Le roi fit un signe imperceptible des yeux.

— N'avez-vous pas une idée, Guillaume, continua Van Graaft.

— Sur quoi?

— Sur Saint-Ghislain?

— Eh! fit le roi en se levant, quelle

idée voudriez-vous que j'eusse sur Saint-Ghislain, Van Graaft? Est-ce un point stratégique?

— Oh! si nous faisons ensemble de la politique d'ambassadeurs, dit brutalement le financier, je retourne fumer chez moi.

— Allons, murmura Guillaume, ne criez pas ainsi, vous me faites mal. Asseyez-vous là tout près de moi.

Van Graaft obéit.

— Vous avez donc, vous, des idées, sur Sain-Ghislain, répartit le roi.

— Pardieu!

— Dites-les, mon ami.

— Comme si vous n'en aviez pas autant que moi, roi Guillaume. Est-ce qu'il peut entrer un brouillard dans mon crâne épais, qui n'ait pas été déjà distillé par votre cerveau. Il ne m'arrive à moi que la fumée de votre flamme !

— Dites toujours votre idée, mon bon Van Graaft, ma pauvre tête est malade, j'ai besoin qu'on m'aide.

— La voici tout simplement, seigneur. Le roi de France brûle et saccage Mons, moi je ferais brûler et saccager Saint-

Ghislain où il a sa cour et sa maîtresse.

— Oh! oh! fit Guillaume avec un pâle sourire.

— Cela vous surprend-il? ai-je l'air d'un sauvage? dites-le moi. Cependant il m'a semblé deviner dans vos yeux, tandis que ce soldat parlait tout-à-l'heure, un dessein à peu près pareil à celui-là.

— A peu près, non, Van Graaft.

— Oh! vous feriez de la délicatesse, n'est-ce pas?

— Je ne brûlerai pas un convent, je ne tuerai pas une femme.

Van Graaft fronça le sourcil et parut écarter un importun souvenir.

— Belle misère! répliqua-t-il entre ses dents, tout le couvent de catholiques paierait-il seulement une goutte du sang que la Maintenon et Louvois ont tiré des veines de nos réformés? Quant à la marquise, une bigote, une vieille femme...

— La seule personne en France qui soit raisonnable et qui conseille la paix au roi; la plus acharnée ennemie de Louvois; une femme de génie, Van Graaft, avec qui je voudrais causer une heure, pour être sûr de donner le repos à toute l'Europe... et pour remettre en vos mains ce Brossmann.

— Oh! s'il en est ainsi, ne la brûlez pas, roi Guillaume. J'ai cru pourtant, je le répète, vous voir affriandé par les détails que ce soldat nous a donnés : je ne suis pas homme de guerre, mais je me servirais de ce canal qui a une voûte prolongée si loin hors de Saint-Ghislain.

— Voilà le point où nos deux idées ont pu se rencontrer Van Graaft. En effet, il il sera possible de pénétrer par là dans St-Ghislain, et d'avoir ainsi avec la marquise cet entretien que je souhaite.

— Bon !... elle criera en voyant des hommes armés, car je pense bien que vous n'irez pas seul.

— Nous verrons.

— Songez-vous combien votre entretien sera gêné, s'il se trouvait là des officiers, quelque prince avec ses gardes, le roi !

— Le roi ! murmura Guillaume.

— Il y vient très souvent. Vous causeriez aussi avec lui, répliqua ironiquement Van Graaft, vous vous humilieriez comme vous avez fait tant de fois, et vous pourriez lui demander pardon de n'avoir pas épousé sa bâtarde.

— Van Graaft, pourquoi ces gros mots? dit Guillaume avec flegme.

— Et puis, poursuivit le marchand, on vous prendrait, et Sa Majesté très-chrétienne vous offrirait un logement non pas à St-Germain, qui est donné déjà à Jacques II votre beau-père, mais au château de la Bastille. Et qui sait, vous au riez peut-être la chance, après avoir été pendu et brûlé en effigie à Paris, d'être réellement décapité en personne naturelle sur un bel échafaud tendu de velours entre vos deux lions brodés, c'est un sort !...

Guillaume sourit dédaigneusement.

— Vous parlez peu d'ordinaire, Van Graaft, dit-il, mais comme vous vous dédommagez, quand l'envie vous en prend !

— Ce que je dis est-il si absurde ? Quoi ! pour causer avec madame de Maintenon, vous vous exposeriez à un danger que votre soldat de tout-à-l'heure ne consentirait pas à courir?

Le roi haussa les épaules.

— Ne levez pas les épaules et répondez-moi, dit Van Graaft. Ce n'est pas poli de se moquer des gens.

— Mon cher ami, repartit le roi, c'est vous qui me manquiez de politesse, il n'y a qu'un moment, lorsque vous me jugiez capable de tant d'imprudence.

— J'étais furieux.

— Sans doute vous eussiez mieux aimé

m'entendre dire : Je pénétrerai dans St-Ghislain, à la tête de cinq cents hommes, par surprise, sans que nul ait deviné mon dessein.

— Ah oui !

— J'aurai au dehors, à une faible distance, mes quatre mille anglais pour me prêter main-forte en cas de besoin.

— Voilà parler.

— Je m'emparerai du couvent, je ferai jeter la marquise dans une litière et la garderai comme otage.

— Bon !

— Après avoir écrit au roi de France que je la lui rendrais s'il levait le siége de Mons.

— Et s'il vous livrait Louvois ?

— Peut-être... Il me semble que vous voilà un peu heureux, Van Graaft, et que mes idées vous apparaissent sous un jour plus favorable.

— Oui, je commence à m'y plaire.

— Tant mieux ; vous m'approuveriez

tout-à-fait alors si j'ajoutais : on pourra combiner cette visite faite à la marquise avec le moment où le roi de France se rend à St-Ghislain, ah ! ah ! vos yeux brillent. On prierait alors S. M. T.-Chrétienne d'entrer dans la litière avec madame de Maintenon, et on les conduirait bien vite à un endroit sûr, comme La Haye, par exemple, afin de causer plus à l'aise avec eux de toutes nos affaires, domestiques et autres.

— O mon Dieu ! s'écria Van Graaff en joignant les mains.

— Et au lieu, poursuivit Guillaume,

d'aller loger ridiculement à la Bastille de S. M., comme vous disiez tout-à-l'heure, au lieu de porter ma tête sur un échafaud, ma tête qui est bien malade en ce moment, Van Graaft, mais à laquelle je tiens comme si elle était fort saine, eh bien, je logerais Louis XIV chez moi, à Loo, par exemple, puisqu'il aime la chasse.

Je serais très-clément et très-magnifique avec Sa Majesté : je lui donnerais pour sa dépense le double de ce qu'on donne au roi Jacques, à Saint-Germain. En sorte que mes Hollandais verraient le Soleil quand ils voudraient. — C'est quelque chose dans notre pays de brumes.—Qu'en dites-vous, Van Graaft.

— O mon roi ! dit celui-ci. Voilà un plan digne du stathouder des Sept-Provinces !

— Il vous plaît ?

— Il m'éblouit.

—Puisqu'il en est ainsi, Van Graaft, tenons-nous-en à ce plan, il faut bien faire quelque chose pour vous. Je crois que je sauverai Mons de cette façon.

— Et je crois, dit Van Graaft, que Louvois est trop bon serviteur pour ne pas venir en Hollande tenir compagnie à son maître. Je lui garde une place entre deux de mes curiosités à ma maison de Boompjes.

— Chut! fit Guillaume en se recouchant, voici quelqu'un.

V

UNE MAUVAISE COMMISSION.

Jaspin avait été terrifié par cette intelligence de Louvois et de Desbuttes. Jamais il n'était venu à l'idée du digne abbé que son secret courût quelque danger de ce côté-là. Alors même qu'autrefois, à Lavernie, il avait appris la fortune de Desbuttes due à la protection de Louvois, Jaspin ne songeait point qu'un jour viendrait où Louvois s'intéresserait assez au nom de Jaspin pour en faire l'objet d'une persécution. Jaspin, la belle chose pour ce grand ministre ! Et cependant le ciron et le lion s'étaient rencontrés, ils s'étaient déclaré la guerre, et voilà que le lion se croyait obligé de tendre des piéges pour perdre son microscopique ennemi.

Dès lors tout devenait possible. Jaspin parrain de Desbuttes ! A quelle occasion ? à quelle époque ? avec quelle marraine ? oh ! comme le rusé ministre saurait remonter promptement à la source de tous ces petits mystères!

Jaspin avait un cœur qui l'empêchait d'être un homme d'esprit. Il pouvait, ainsi que nous l'avons dit, grandir dans les circonstances importantes, mais à la condition que ces circonstances ne se renouvelassent pas souvent. A l'arc tendu il fallait son repos; après avoir combattu Louvois, Jaspin aimait à pêcher à la ligne. Entre Louvois et Jaspin, il y avait cette différence que le ministre ne se reposait jamais.

On exprimerait difficilement les angoisses de l'abbé durant cet entretien de Desbuttes avec le marquis. Jaspin connaissait son filleul pour le plus éhonté coquin, pour l'âme la plus vénale. Il lui semblait l'entendre dire à Louvois par chaque geste, par chaque mot, par chaque révérence : Achetez-moi mon parrain. Le ministre ne fut pas plus tôt rentré dans son quartier avec le fameux extrait de baptême, que, Jaspin n'y tenant plus courut au carrosse dans lequel allait remonter Desbuttes.

Le traitant reconnut trop tard son parrain. L'abbé le poussa dans l'intérieur, où il monta lui-même et s'assit tout essoufflé.

Desbuttes ne comprenait pas un mot à cette chasse de Louvois et à cette contre-chasse de Jaspin, mais son instinct malfaisant l'avertissait de quelque aubaine. L'abbé ordonna au cocher de marcher droit devant lui, et avant que Desbuttes n'eût demandé la cause de ces singularités :

— Que vous disait là, M. de Louvois ? interrogea brusquement Jaspin, sans modifier en aucune façon le trouble de sa voix et de sa physionomie.

Desbuttes, à qui le ministre venait de recommander le secret *sur sa vie,* n'eut garde de répondre la vérité.

—Mais nous causions de mes comptes, répliqua-t-il.

Jaspin eut un moment d'espoir, bien vite dissipé par l'air faux et le regard vacillant de son filleul.

— Non, non, dit-il tristement, ce n'est pas cela que vous disait M. de Louvois.

— Je vous jure, parrain...

— Ne jurez pas... Ce papier que vous lui avez remis après l'avoir été chercher si précipitamment à votre carrosse.

— Mes comptes.

— Oh !.. vos comptes ne doivent pas tenir sur un si petit papier. Desbuttes, vous m'avez trahi, comme Judas Iscariote...

— Trahi ! s'écria Desbuttes, en quoi puis-je donc vous trahir ?

— Je m'entends, reprit Jaspin, gêné d'avoir laissé échapper ce mot. Ainsi, vous refusez de me dire ce que vous a demandé sur mon compte M. de Louvois.

— Rien, encore une fois, s'écria impudemment Desbuttes.

— Réfléchissez, ajouta Jaspin déjà tremblant de colère: si vous vous joignez à M. de Louvois contre moi, je trouverai contre vous un auxiliaire; j'ai des amis aussi.

Desbuttes frissonna, les paroles de Louvois lui revinrent eu mémoire : *ami intime de madame de Maintenon*, lui avait dit le ministre en parlant de l'abbé.

Jaspin le sentit ébranlé.

— M. de Louvois a fait votre fortune, continua-t-il, mais je la déferai, si vous persistez à me mentir.

— Oh ! balbutia Desbuttes en ricanant.

—Monsieur! dit Jaspin en grossissant sa voix comme pour envenimer encore cette épithète, j'ai fait gracier M. de Lavernie, que votre ministre avait condamné à mort ; je lui ai fait donner une lieutenance dans les chevau-légers, quand M. de Louvois le voulait bannir. Jugez de ce que je puis, et redoutez ce que je ferai.

Desbuttes s'épouvanta tout-à-fait. Rien n'était impossible à l'ami de madame de Maintenon. D'un autre côté, tout était possible à Louvois. Lequel de ces deux écueils était le moins dangereux ? Auquel des deux Desbuttes risquerait-il de heurter sa barque ?

— Ménageons-les tous deux, se dit le traitant; passons au milieu. Il paraît que j'ai rendu service à M. de Louvois puisqu'il m'a dispensé de lui donner mes comptes. Rendons service également à mon parrain, mais sur quoi ?...

—Voyons, dit-il à Jaspin comme s'il capitulait, qu'exigez-vous de moi, mon cher parrain ?

— La vérité.

— Laquelle?

— Y en a-t-il donc plusieurs?

— Quelquefois, parrain, quelquefois.

— Je vous demande alors quelles sont les questions que M. de Louvois vous a faites à mon sujet?

— Aucunes.

— Encore! Ah! vous vous obstinez! ah! vous voulez me cacher ce que je saurai demain.

— Au fait, il a peut-être raison, pensa Desbuttes et je risque gros pour si peu.

— Mon parrain, voici toute la vérité : M. de Louvois me demandait si j'étais bon catholique.

— Ah! fit Jaspin.

— Et si vous étiez réellement mon parrain.

Jaspin sentit la sueur monter à son front.

— Qu'avez-vous répondu? balbutia-t-il.

— J'ai répondu qu'il n'y avait pas de payens dans ma famille, non plus que de juifs, et pour preuve...

— Pour preuve...

— J'ai donné ce papier.

— Qui est...

— Mon extrait de baptême.

Jaspin lui saisissant le poignet :

— Vous avez fait cela! s'écria-t-il.

— Pourquoi pas, mon parrain?

— C'est juste, murmura l'abbé plus pâle qu'un spectre.

— Mais parrain, mon cher parrain, c'est donc un crime de vous avouer...

— Silence! sur votre vie! dit Jaspin

en arrêtant le cocher par un pan de sa houpelande et en même temps il se précipita hors du carrosse tandis que Desbuttes effarouché l'appelait en vain avec mille protestations.

L'abbé courut un bon quart d'heure sans avoir la conscience de ce qu'il faisait. Puis la fraîcheur du vent et la fatigue ayant calmé l'agitation de son cerveau, il se jeta plutôt qu'il ne s'assit sur un tertre de gazon et là il rêva.

— Tout est perdu! bourdonnait sa tête, tout est découvert! Louvois sait le nom de mademoiselle Balbien, il confrontera la date de ce baptême avec celle d'une absence de madame Scarron; assez de médisances consignées dans les annales de cette époque aideront le mauvais vouloir du ministre. Tout est perdu!

Jaspin se leva et gesticula comme un tragédien. — Que faire? M'enfuir? Oh!.. et Gérard... et madame de Maintenon que j'abandonnerais sans l'avoir avertie! Ce serait d'un lâche et d'un ingrat! Avertie, elle pourra se défendre... Allons, Jaspin, ce sera dur de porter une si triste nouvelle à la marquise; mais Louvois est sur la trace... Il le faut!

Devant un pareil devoir l'abbé s'arma

de courage. Il regarda l'horizon. — A droite, le camp où Gérard dormait peut-être encore, épuisé par ses fatigues et son danger de la veille. — Le cher élève du vieux Jaspin!... A quelles nouvelles épreuves était-il réservé! — A gauche, Saint-Ghislain, avec sa flèche aigue qui s'élançait du milieu des bois. Là dormait aussi la marquise, qu'attendait un si désagréable réveil.

— A Saint-Ghislain! se dit Jaspin.

Et le digne homme, multipliant les élans de ses petites jambes, se mit à arpenter le terrain. La promenade lui servit à quelque chose, il trouva en route une bonne idée.

En effet, plus il pensait à cet aveu terrible qu'il lui fallait faire à la marquise, moins il se sentait courageux. L'œil noir de madame de Maintenon récélait des flammes dont la seule appréhension réduisait Jaspin à néant. Cependant il était urgent qu'elle fût prévenue. Au milieu de ces perplexités, Jaspin se rappela Nanon.

Nanon, de tout cela, n'avait eu rien à souffrir. Le temps écoulé venait de la rassurer complètement; elle engraissait dans la sécurité. Auteur ou complice involontaire de tant de troubles et de mystères, elle se drapait béatement dans la discrétion que Jaspin lui avait promise et qu'il ne pouvait violer sans risques pour lui-même.

La dévote avait parfaitement calculé tout cela. Chaque fois qu'elle apercevait Jaspin, elle pinçait bien un peu ses lèvres, elle baissait bien un peu les yeux, mais c'était assez coquettement pour que le diable y trouvât encore une petite satisfaction. De remords, pas le moindre ; de craintes, pas l'ombre. Nanon et Jaspin face à face n'avaient plus à s'embrasser, mais ils n'avaient pas non plus à se mordre.

Jaspin n'hésita pas à imiter M. de Vauban lorsqu'il jetait ses bombes au milieu de paisibles maisons.

Il arriva vers l'heure du premier déjeûner à Saint-Ghislain, et demanda tout d'abord à voir mademoiselle Balbien.

Nous savons que cette heureuse personne avait ses laquais et ses femmes de chambre. L'une de ces dernières, après avoir fait la révérence à M. Jaspin, le prévint qu'il lui serait plus facile de parler à madame de Maintenon qu'à mademoiselle Balbien.

— Ce n'est point à madame la marquise que j'ai affaire, répliqua Jaspin, tremblant à cette seule idée de voir la redoutable maîtresse, tandis que j'ai des choses importantes à conter à mademoiselle Balbien.

— Mais mademoiselle essaye une robe!

— Veuillez lui dire que je l'attends au jardin.

— Sans doute, M. l'abbé; mais...

— Et vous me combleriez, ma chère demoiselle, en ajoutant que je l'attends sans délai.

— Fort bien.

La femme de chambre partit comme un oiseau. Décidément le crédit de Jaspin était notoire.

Dix minutes ne s'étaient pas écoulées lorsqu'il entendit une litanie de mauvaises paroles au détour de l'allée. Jaspin reconnut Nanon. La vieille fille se hâtait, et maugréait de se hâter. Elle avait l'œil inquiet sans quoi il eût été furieux.

— Par quelle raison monsieur l'abbé me dérange-t-il ainsi ? demanda-t-elle tout essoufflée.

Jaspin fit un salut profond.

— Je suis ici pour vous l'apprendre, mademoiselle, répliqua-t-il.

— Bien vîte, alors.

— Le plus vîte que je pourrai; mais d'abord, s'il vous plaît, gagnons à l'écart.

— Je ne suppose pas que nous ayons tant besoin du particulier, riposta aigrement la vieille fille en dilatant pour une colère franche son regard partagé entre l'examen des localités et l'étude plus attentive de la physionomie de Jaspin.

— Vous auriez tort de ne le pas supposer, mademoiselle, car jamais nous n'avons eu autant besoin de nous parler sans témoins.

Nanon frissonna.

— Qu'y a-t-il encore, dit-elle.

— Des choses graves, il y a que nous avons baptisé un enfant...

— Voulez-vous bien vous taire! interrompit mademoiselle Balbien toute tremblante.

— Et que cet enfant dont vous vous occupiez si peu, est devenu un homme, continua imperturbablement l'abbé.

— Après?

— Un petit coquin.

— Qu'y puis-je faire?

— Capable de tout.

— Ce n'est pas ma faute.

— Capable de perdre son parrain.

— Défendez-vous.

— Et sa marraine.

— Par exemple!... s'écria Nanon, dont le visage fut tellement bouleversé, que Jaspin en aurait pris pitié s'il eût eu le temps.

— Me perdre! Il me connaît donc? reprit la vieille fille.

— Qui ne vous connaît pas! Hélas! les grandeurs ont cela de fâcheux.

— En quoi me perdrait-il, continua Nanon, dont l'astuce revenait, dont les griffes sortaient.

— Voici en quoi. Votre maîtresse ignore que nous nous sommes connus, n'est-ce pas?

— Oh! oui, et je voudrais bien l'ignorer moi-même.

— Je n'en dis pas autant, répondit Jaspin avec un salut des plus galants; mais ce serait pourtant le plus sûr pour nous deux.

— Eh bien ! le saura-t-elle jamais ?

— Je le crains.

— Par qui ?

— Ah voilà... C'est là-dessus que je suis venu vous consulter. Elle peut le savoir par trois personnes.

— Mon Dieu !

— Oui, c'est beaucoup trop, n'est-ce pas ? La première de ces personnes, c'est M. de Louvois.

Nanon poussa un cri et se rapprocha de Jaspin.

— Oh! fit-elle avec épouvante et d'une voix à peine intelligible, M. de... il sait...

— J'en ai peur.

— Comment? bonté divine!

— Notre coquin de filleul lui a donné l'extrait de baptême où figuraient votre nom et le mien.

Nanon s'agita comme une poule effarouchée.

— Vous comprenez, dit Jaspin, tout le parti que M. de Louvois peut tirer de cette circonstance; il peut retrouver des traces de notre petit voyage et de notre amitié... ce serait affreux. Cependant j'entrevois là-dedans quelque chose de plus affreux encore.

— Est-ce possible!... dit Nanon en joignant ses mains.

— Oui, mademoiselle, supposez que votre maîtresse, éloignée de vous en ce moment-là, ait eu quelque chose à cacher... Je n'en crois rien, mais admettez-le..... Supposez encore que M. de Louvois découvre ce quelque chose... quel malheur!... Madame vous l'attribuerait au moins!...

Nanon se rappelant parfaitement tout

ce qu'elle avait autrefois confié à Jaspin, poussait des gloussements de détresse.

— Nous sommes perdus, s'écria-t-elle les yeux hagards.

— J'en ai infiniment peur, mademoiselle.

— Et vous disiez que deux personnes encore savaient tout, et pouvaient le dire à madame.

— Oui, deux personnes, moins dangereuses, il est vrai, que M. de Louvois.

- La première?

— C'est moi, et l'autre c'est vous.

— Nous ne dirons rien, nous!

— Au contraire, nous parlerons.

— Etes-vous fou, monsieur l'abbé!

— Quoi, vous aimez mieux laisser Monsieur de Louvois prendre les devants? Ce n'est pas mon avis, et j'avais décidé, sauf votre agrément, que l'un de nous deux raconterait la chose à madame la marquise...

— Hélas! hélas! un secret si bien gardé! Enfin, s'il le faut... vous vous chargerez...

— Je m'étais dit, poursuivit Jaspin sans faire attention à la douleur de sa complice, qu'un homme a toujours moins de délicatesse pour ces sortes de confidences qu'une femme d'esprit telle que vous. J'ai donc résolu, toujours avec votre avis, que vous porteriez la parole.

—Avouer moi-même mon déshonneur! jamais!

—Eh bien! nous laisserons M. de Louvois se charger de la narration. Il excelle à faire les rapports, dit-on. Je crois qu'il mettra tous ses soins à confectionner celui-là.

—Ma place est perdue! Jamais madame, qui me croit une sainte, et qui en est une elle-même, ne me pardonnera un si gros péché.

— Madame aura de l'indulgence. Et puis quant au récit à faire, je ne vois pas les choses en noir comme vous. De quel déshonneur s'agit-il ? Est-ce public à ce point ?

— Par exemple ! je voudrais vous y voir ?

— Voici ce que je dirais : je raconterais qu'un jour par charité, j'ai consenti à tenir un enfant sur les fonts de baptême. C'est vrai, du reste.

— Avec vous ?

— Pourquoi non.

— Une fille de vingt-cinq ans et un jeune homme de ving-quatre ! que dira madame ?

— Nous avons l'un et l'autre aujourd'hui des figures qui excluent le soupçon. On nous jugera sur ce que nous sommes.

— Mais la conscience, monsieur, la conscience !

— Ah ! mademoiselle Nanon, votre conscience est à vous; si vous tenez à en faire part à madame de Maintenon, cela vous regarde.

— Taire un péché, c'est en commettre un autre.

— Depuis trente ans que vous taisez celui-là, il devrait être devenu de la taille d'un crime.

Nanon se mit à sangloter.

— Comment expliquer à madame le silence que j'ai gardé sur cet événement... ma dissimulation à votre égard, quand j'avais l'air de ne pas vous connaître ?

—Oui, tout cela sera gênant, j'en conviens, mais vous avez des ressources dans l'imagination ; et d'ailleurs, si votre aveu rend service à madame la marquise, elle ne vous le reprochera pas. Dites-lui seulement que M. de Louvois a dans les mains l'extrait de baptême de l'enfant avec les noms de la marraine ; rappelez-lui-en la date, et vous verrez si elle ne vous remercie pas de votre franchise.

Comme ils en étaient là de l'entretien, on entendit grand bruit aux portes de l'abbaye ; Nanon tressaillit et se lamenta de plus belle.

— Qu'avez-vous encore? dit Jaspin.

—J'ai que j'entends les piqueurs et l'escorte du roi qui vient chercher madame pour le conseil.

— Et M. de Louvois en sera sans doute?

— J'en tremble.

— Je vous conseille alors de le gagner de vitesse et de conter le cas à madame la marquise avant qu'elle parte.

— Sitôt !

— Vous êtes en retard.

— Et vous, n'attendrez-vous pas, ne me secourrez-vous pas ?

— Oh! moi, j'ai affaire au camp, s'écria Jaspin, et ma présence ici n'est pas convenable.

— Madame!... là bas, sur le perron! dit Nanon épouvantée.

— Je vous baise les mains, dit Jaspin qui s'esquiva par une allée voisine.

— Je tombe en disgrâce, pensa le pauvre abbé, je perds mon crédit, ma protectrice. Mais la marquise sera prévenue. C'est une mauvaise affaire, mais c'est une bonne action.

Et il glissa hors de l'abbaye, le long des fossés, comme un lézard.

VI

L'ASSAUT.

Il y avait conseil chez le roi à son quartier de Bethléem. Le bruit courait vaguement dans l'armée que M. de Vauban avait assez avancé la démolition des premiers ouvrages de la place assiégée pour être en état de donner un assaut.

Et déjà l'on voyait se remuer les colonels et chefs de corps qui intriguaient pour faire partie de la colonne d'attaque.

Cependant rien n'annonçait positivement cette bonne fortune. Les assiégés continuaient un feu terrible sur les travailleurs chargés de combler le fossé de l'ouvrage à corne.

Déjà on s'était établi dans deux demi-lunes et sur le bord du fossé destiné à être comblé. La Maison du roi portait la fascine dans ce fossé avec tant d'ardeur que bon nombre de gens de condition y avaient été tués. Mais à force d'y jeter des pierres, de la terre et des fascines, le fossé fut comblé. Le marquis de Boufflers fit prévenir le roi que ses troupes avaient un bon chemin pour emporter l'ouvrage.

Ce fut Louvois, toujours ardent, qui porta le premier cette nouvelle au roi, en le pressant de commander l'attaque ; mais à côté de l'impétueux ministre était Vauban, toujours circonspect et avare du sang des soldats.

Le roi déclara qu'il attendrait pour donner l'assaut que Vauban l'y autorisât.

Or, ce même jour dont nous parlons, l'ingenieur, après avoir fait sa visite aux ouvrages et tout pesé dans sa froide bravoure, entra au conseil chez le roi qui lui demanda avec empressement où en étaient les choses.

Vauban répondit que la besogne était faite, l'occasion bonne et qu'on pouvait marcher. Aussitôt le roi chargea Louvois de nommer les corps qui donneraient l'assaut.

Madame de Maintenon venait d'arriver au camp. En chemin elle avait entendu le récit délicat de Nanon. Elle tremblait de fièvre à la seule idée que Louvois l'allait regarder en face.

Mais le ministre, en ce moment, n'était plus un petit ennemi occupé de tracasseries. Il était soldat, capitaine et ministre. Il cherchait une action d'éclat et en préparait les matériaux. Il voulait un triomphe pour son pays et pour son roi, — un nouveau sujet d'orgueil pour lui-même.

A peine se souvint-il que la marquise

l'honorait de sa haine; à peine la haïssait-il. Cependant lorsqu'elle descendit de carrosse devant lui, bien accueillie du roi et entourée d'une cour d'officiers courbés jusqu'à terre, Louvois se souvint de l'extrait de baptême de Jaspin, de mademoiselle Balbien et du secret.

— Jaspin, se dit-il, a causé avec Desbuttes, puis il a couru à St-Ghislain. La marquise est prévenue, voyons le jeu qu'elle va jouer.

— Eh bien, madame, s'écria le roi, vous que le canon effraie, vous n'entendrez plus autant de bruit ce soir. Nous allons démonter quelques grosses pièces à ces messieurs de Mons.

La marquise se fit instruire, et aussitôt répliquant au roi sans embarras :

— Ce doit être un plaisir, dit-elle, de commander une armée française. Vos soldats savent déjà qu'il y aura combat, je le gagerais à voir leurs figures rayonnantes. Jamais, sur mon chemin, je n'ai vu tant de gais visages.

—Ils rient; tant mieux, dit brutalement Louvois. Plusieurs rient en ce moment qui gémiront beaucoup dans quelques heures, peut-être.

La marquise sentit qu'il la regardait; elle ne fit aucune question et s'installa avec sa broderie.

Louvois, que le roi boudait encore depuis l'affaire des partisans, se donnait mille mouvements pour regagner les bonnes grâces du maître. Il ne voulut pas désigner lui-même les colonnes d'assaut et rendit au roi la liste projetée en disant que c'étaient partout des demandes si vives pour participer à l'opération, qu'un roi seul avait le droit de faire tant de mécontents.

Le roi aimait le rôle d'arbitre, M. de

Vauban qui haïssait les brigues autant que Louvois les aimait, se contenta de dire à S. M. de choisir les soldats les plus sûrs.

—Qui est de jour? demanda Louis XIV.

— Les Suisses, dit Louvois.

— C'est fâcheux que nous ne prenions pas des Français pour une si belle affaire, fit observer Vauban, non pas que les Suisses ne soient excellens, mais enfin ils ne sont pas de notre pays.

— Le maréchal de La Feuillade réclamera pour ses gardes-françaises, dont il est colonel, dit Louvois ; et il aura d'autant plus raison que si l'attaque se faisait ce soir, les gardes-françaises auraient encore le temps de s'en charger. On ne les relève qu'à six heures.

— Il faut voir, dit le roi.

— Je prendrais l'un et l'autre, dit Vauban.

— Jalousie entre les deux, monsieur, interrompit Louvois.

— Mais si on les exclut l'un ou l'autre,

c'est une guerre à mort entre les deux corps!

— Qu'en pense votre solidité, madame? dit le roi tout-à-coup à la marquise.

— Nous allons voir si elle offre les chevau-légers, pensa Louvois.

— Moi, sire, répartit madame de Maintenon, je crois que la question doit être décidée par l'heure de l'attaque.

— A quelle heure monsieur de Vauban juge-t-il convenable d'attaquer? demanda le roi.

— A six heures, au jour tombant, sire.

— Ce sera douloureux pour M. de La Feuillade, dit le roi; on aura l'air d'attendre l'heure des Suisses. Ne vaudrait-il pas mieux désigner un corps qui ne fût ni suisse, ni gardes françaises?

— Que n'attaque-t-on à cinq heures, dit madame de Maintenon; M. de La Feuillade aurait son droit sans conteste.

— Assurément! s'écria le roi; cinq heures, c'est convenu.

Vauban salua et sortit.

Louvois, étonné de n'avoir pas rencontré de résistance de la part de la marquise, sortit également pour donner ses ordres et avertir les principaux officiers.

La marquise restée seule, aperçut autour du quartier tout l'état-major bourdonnant comme l'essaim autour de la ruche. Chacun des officiers, bien assuré de la nouvelle, demandait tout haut pour son régiment l'honneur de marcher le soir.

Gérard ne demandait rien, mais il attendait le retour de Jaspin pour le charger de ses désirs. Jaspin entra chez son ami dans un état pitoyable. Il eût bien voulu rattraper sa brême du matin pour se donner une contenance et expliquer sa longue promenade. Mais, du côté des marais, il y avait alors plus de feu que d'eau. M. de Vauban venait de faire porter là, quantité de bombes et de grenades pour jeter dans l'ouvrage au moment où la colonne devrait marcher.

— Eh bien! Jaspin, dit Gérard en se soulevant avec un sourire, savez-vous la nouvelle?

— J'ai ouï dire qu'on va attaquer l'ouvrage à cornes, dit Jaspin en s'asseyant.

— Belle expédition, mon ami! meurtrière, mais glorieuse! Oh! ce sera recherché.

— Si elle est meurtrière, répliqua Jaspin, je ne vois pas trop ce qu'elle a d'attrayant.

— Vous verrez que M. de Louvois ne me la donnera pas, celle-là! dit Gérard avec amertume.

— Eh quoi, encore! vous voulez encore marcher!... s'écria Jaspin. C'est donc une rage de vous faire tuer!

— Mon ami, c'est une rage de servir le roi et de donner quelque satisfaction à ma bienfaitrice, poursuivit Gérard qui s'évertuait à provoquer chez Jaspin des offres de bonne volonté.

Mais celui-ci n'en était plus là. Ce n'était plus ce triomphant que Belair appelait Jaspin Ier et qui gouvernait la France.

Gérard remarqua sa gêne.

— Si j'avais, dit-il, le commandement d'une expédition pareille, ce serait pour moi un couronnement à toutes les bontés que madame de Maintenon m'a témoignées.

— Usons!... n'abusons pas, dit sentencieusement Jaspin.

Gérard se pinça les lèvres.

— C'est vrai, dit-il.

Et il s'étendit sur son lit de camp.

Cependant, il avait beau affecter le stoïcisme de l'homme sans ambition; son oreille s'ouvrait malgré lui au bruit des préparatifs. Chaque fois qu'un commandement retentissait, qu'un tambour roulait, qu'un clairon sonnait, Gérard envoyait son laquais aux informations.

Il finit par n'y plus tenir et par aller voir lui-même.

Il était visible que Gérard attendait l'intervention de la marquise en cette circonstance comme dans les précédentes.

Jamais plus belle occasion. Emporter l'ouvrage à cornes, et n'être pas tué, c'était une fortune militaire. Un pareil fait d'armes sous les yeux du roi !...

On vint dire à Gérard que le quartier des gardes françaises était en rumeur, que le maréchal de La Feuillade, leur colonel, était aux prises avec le colonel des Suisses, avec Rubantel, parce que ces deux officiers l'accusaient d'avoir intrigué pour faire avancer l'heure à son profit.

Le débat avait lieu dans la tente de Rubantel où Gérard pouvait entrer quand il voulait en qualité d'officier et d'ami.

Il entra. Ces trois messieurs s'animaient fort et le maréchal de La Feuillade avait une grosse affaire, tout maréchal qu'il était, avec les deux officiers dont l'un annonçait que les Suisses étaient furieux et l'autre que les chevau-légers allaient le devenir.

— Ce n'est pas juste, s'écriait Rubantel, votre garde finit à six heures. Vous n'avez pas le droit d'en monter une nouvelle à cinq heures. Attaquer c'est monter une garde.

— Pas le moins du monde, disait le gascon La Feuillade, et d'ailleurs, cest l'ordre du roi.

— Oh! ces ordres-là, on les aurait comme vous si on les sollicitait..., répondit Rubantel en regardant Lavernie.

— Le fait est, pensa celui-ci, qu'il serait plaisant de jouer au maréchal fanfaron le tour de lui enlever son attaque.

Et il sortit de la tente pour aller trouver Jaspin.

— Mon ami, dit-il, un service : madame de Maintenon est là-bas avec monsieur du Maine, courez donc lui demander de protéger un peu les chevau-légers.

— Non, non! je ne demanderai plus

rien à madame de Maintenon, s'écria Jaspin.

— Alors, j'irai moi-même, dit Gérard, emporté par l'ambition et l'amour de la gloire.

Jaspin essaya vainement de le retenir. Le jeune homme était déjà loin.

Mais la marquise vit arriver celui dont elle redoutait d'autant plus la présence que Louvois causait alors avec le roi à vingt pas.

Elle tourna le dos et rentra au quartier, sans même avoir répondu au salut que lui adressait Gérard.

Celui-ci demeura pétrifié, humilié; Louvois le voyait du coin de l'œil et riait tout bas. Gérard s'en vint auprès de Jaspin.

— Moi, j'ai échoué, dit-il, mais vous... vous qui avez accès près d'elle... Vous ne répondez pas : que se passe-t-il? Hier encore c'était une faveur dont chacun me faisait compliment; aujourd'hui, il me semble qu'on me fuit.

— Femme varie...

— C'est bon, c'est bon, dit Gérard avec tristesse; aussi étais-je bien surpris d'avoir eu tous ces derniers temps un peu de bonheur. Cela a trop duré, n'est-ce pas? et déjà la fortune veut prendre sa revanche. Tenez, Jaspin, mon ambition me venait de vous; je l'avais conçue par vous; je la destinais au service de mon amour. Il est certain que je me rapprochais d'Antoinette en méritant d'être remarqué par le roi. Mais puisque la femme varie, comme vous dites, eh bien! j'attendrai que son caprice me redevienne favorable. Allons dîner, Jaspin, allons! et je veux écrire une bonne lettre à mon pauvre Belair, qui ce matin m'a donné de ses nouvelles. Voilà un homme heureux!... Violette ne varie pas, elle!

Jaspin prit son élève sous le bras et le

conduisit à sa tente. Mais le repas ne fut pas gai, Gérard ne cessait de se lever de table pour aller regarder les détachements que le maréchal de La Feuillade, désormais sûr d'avoir l'honneur de l'attaque pour ses gardes-françaises, faisait souper, régalait de vin et de violons, et montait, par des saillies gasconnes, au diapason du terrible concert dans lequel ils allaient sous peu faire leur partie.

Au quartier des gardes, ce n'étaient que toilettes et chansons. On fourbissait les épées, on brossait les uniformes. Les officiers endossaient leurs plus beaux habits. C'était une touchante coquetterie que celle de ces gentilshommes destinés à mourir, qui parfumaient leur corps afin que l'ennemi, en le relevant, prît bonne opinion de la noblesse française, et qui emplissaient leur bourse et se garnissaient les doigts de bagues pour faire un plus beau gain à celui qui les tuerait.

Autour du quartier se tenaient une foule de soldats et d'officiers des autres corps — Gérard avec eux — tous regardant avec un œil d'envie ces préparatifs, et pourtant suivant de leurs tendres vœux ces camarades, solidaires avec eux de l'honneur national, pour lequel ils regrettaient de ne pas donner leur vie.

On aidait les gardes-françaises à s'habiller ; on ajustait leurs ceinturons, on affilait leurs sabres ; de rudes et franches poignées de main s'échangeaient par-dessus les barrières ; çà et là une accolade bien fraternelle, avec un mot de testament glissé entre deux sourires à l'oreille d'un ami dévoué.

Cinq heures moins un quart sonnèrent lugubrement à Sainte-Waudru de Mons dont les carillons insolents ne cessaient de tinter depuis le commencement du siége, à travers les roulements de la canonnade et des mousqueteries.

Les compagnies de grenadiers commandées se mirent en rangs devant leur quartier, sur la petite place d'armes, sans tambour, sans appel.

Ce fut alors que le maréchal de La Feuillade amena les deux capitaines des grenadiers, MM. de Beauregard et de Saillant, tout gantés et armés, sur le front de leurs compagnies. Il leur donna à chacun un gobelet d'argent plein de vin, en même temps qu'on levait sur leur tête le drapeau du régiment; et les officiers, tête nue, burent à la santé du roi, tandis que leurs soldats, sans pousser un cri, car c'était l'ordre, agitaient leurs chapeaux et leurs mousquets avec une ardeur qui électrisa tous les assistants et fit couler du feu dans leurs veines.

Puis, M. de Vauban, qui avait considéré avec son regard ferme et observateur chaque détail de cette scène émouvante, s'approcha des deux officiers à son tour, et leur expliqua clairement, nettement, sans ambages, ce qu'ils avaient à faire dans cette attaque, et les dangers qui les y attendaient, avec les moyens de s'en préserver.

Le temps était sec et froid, un vent de bise sifflait comme sifflent les balles. On apercevait du quartier la masse noire et grise des terres et des fascines jetée comme un pont sur le fossé de l'ouvrage à corne. Derrière cette fortification redoutable, les chapeaux des ennemis et des figures sournoises, mais pas une arme; et tout autour de ce terrible heptagone un double rang de canons, monstres verdâtres, sur l'échine desquels courait par moment comme un fauve reflet de feu.

Partout du silence. Évidemment les assiégés s'attendaient à l'attaque et concentraient leurs forces. Partout la solitude. Et c'était le plus effrayant spectacle que cet espace aride, désolé, désert, sur lequel, dans peu de minutes, allaient s'amonceler tant de cadavres, population lugubre éclose sous le souffle dévorant de cent gueules de bronze.

Les grenadiers firent du regard et du geste un adieu martial à leurs compagnons d'armes, s'avancèrent par larges files, leurs capitaines en tête, et arrivèrent au bord du fossé.

Toute l'armée les regardait. Vingt mille cœurs battaient pour chacun de ces hommes.

Les grenadiers firent halte une demi-minute. On vit les muscles se tendre, les yeux s'enflammer. M. de Bauregard et

M. de Saillant levèrent leurs épées et la colonne entière s'élança d'un bond dans le fossé comblé en criant : Vive le roi !

Un nuage effrayant de flamme et de fumée, une explosion pareille au bruit que ferait le ciel en s'écroulant sur la terre, engloutirent les cris, les hommes et le rempart.

Mais ce premier élan irrésistible de la valeur française ne rencontra point une défense digne de son énergie. Le prince de Bergues avait habilement calculé qu'un boulet s'amortit sur des surfaces molles, tandis qu'il écrase ou pénétre s'il rencontre une résistance.

Les grenadiers de l'assaut franchirent le fossé et se logèrent dans l'ouvrage à corne après avoir chassé les assiégés en un combat qui avait épuisé leurs forces sans fatiguer leurs adversaires.

Et, au moment où ils chantaient victoire, ne voyant plus d'ennemis autour d'eux, lorsque déjà le drapeau de France flottait sur le parapet, et qu'on n'attendait plus que les ouvriers pour faire le logement, tous les feux de la place se croisèrent sur les assiégeants. Les deux compagnies de grenadiers déjà décimées par la lutte corps à corps, furent tout-à-coup hachées par une mousqueterie et une canonnade acharnées.

Les gardes-françaises, dans leur ardeur, n'avaient pas voulu attendre l'arrivée des Suisses, et au lieu du renfort qui les eût aidés à se maintenir et à se loger à couvert, ils n'eurent que l'embarras de leurs morts et l'affaiblissement de leurs rangs éclaircis.

Un moment d'hésitation les perdit. Soudain par la gorge de l'ouvrage à corne reparurent les assiégés armés de faux emmanchées à revers avec lesquelles ils atteignirent de loin et d'en haut les grenadiers.

En vain leurs officiers firent-ils merveilles, M. de Beauregard fut pris, percé d'outre en outre par une balle; — l'enseigne tomba mort. — Deux lieutenans blessés grièvement furent emportés par l'ennemi; cent cinquante grenadiers sur deux cents restèrent sur le terrain.

Les assiégés rentrèrent dans tous leurs ouvrages et, au moment même où le roi apprenait l'enlèvement du bastion, une seconde nouvelle lui apprit le retour des gardes-françaises et l'échec infligé à ses armes.

M. de La Feuillade était venu, l'oreille basse, pour tâcher d'apaiser le premier dépit du roi ; mais Louis XIV, haussant les épaules avec colère :

— Ce n'était pas la peine, dit-il, de tant insister pour être chargé de l'opération.

Le maréchal essaya de plaider la cause de son régiment.

— Assez, dit le roi ; demain, je recommencerai, et j'enverrai des troupes qui ne reculeront pas.

Louvois, qui avait favorisé La Feuillade, le chargea aussi furieusement que le roi, dès qu'il le vit dans cette mauvaise position. Le roi avait haussé les épaules Louvois tourna le dos.

Vauban seul resta ce qu'il était toujours, impartial et généreux.

— Sire, dit-il, la seule faute de ces braves gens est leur excès de courage. Ils se sont aventurés sans arrière-garde. Cependant parmi eux bien des gens ont fait leur devoir, et quelques-uns plus que leur devoir.

Le roi frappant sa botte avec sa canne :

— Allons, allons, Vauban, dit-il, pas d'illusions. Une fuite est la fuite. On meurt sur une défaite ; on n'en revient pas.

— C'est vrai, s'écria Louvois.

— M. de Louvois le sait, ajouta Louis XIV. Les chevau-légers qu'il a envoyés l'autre jour au marais avaient, pour revenir, cent raisons que les gardes n'ont pas eues aujourd'hui. Moi-même je les y avais engagés. M. de Louvois l'a trouvé mauvais cependant.

Louvois grinça des dents. Le roi ne le tint pas quitte.

— Si j'eusse envoyé Lavernie à l'ouvrage à corne, dit-il, cela ne serait pas arrivé.

La marquise eut la générosité de ne point profiter de son avantage. Etait-ce peur ou générosité ?

— Oh ! sire ! s'écria Louvois irrité, M. de Lavernie est de chair et d'os comme

M. de Beauregard ; et s'il avait eu le corps traversé...

— Assez ! interrompit le roi en regardant Louvois de façon à le faire rentrer sous terre. Désormais je nommerai moi-même les officiers selon l'importance des attaques.

Et il rentra chez lui plein de colère laissant Louvois consterné.

Alors le ministre s'adressant à la marquise :

— Il fallait donc, madame, dit-il d'une voix adoucie, me dire charitablement le désir du roi — le vôtre — j'eusse tout fait plier devant votre plaisir.

— Qu'est-ce à dire ? demanda madame de Maintenon, je ne vous comprends pas.

— Je pense, madame, que vous disériez pour M. de Lavernie l'attaque de ce soir.

— Moi ? Pourquoi pensez-vous cela, monsieur ! dit la marquise troublée.

—Je m'entends ! répliqua Louvois déjà incapable de se contenir, et avide d'épouvanter son ennemie, par cette parole à double sens.

Madame de Maintenon, au lieu de faire explosion comme le ministre s'y attendait, pâlit légèrement et rentra près du roi.

— Jaspin a parlé, et elle a peur ! Je la tiens, se dit Louvois.

En même temps il courut au quartier des gardes où régnaient la consternation et la honte.

Le maréchal de La Feuillade se cachait

sous sa tente comme un Achille. Les officiers revenus sains et saufs pleuraient devant leurs soldats éperdus. Quelques blessés refusaient de se laisser panser, d'autres montraient le poing aux Suisses, qu'ils accusaient de n'être pas venus à leur aide.

Rubantel, homme à la fois adroit et bon, consola les uns, apaisa les autres, donna son vin et sa pharmacie; puis, prenant Gérard à part :

—Ah çà, lui dit-il, vous qui êtes bien en cour, il faut m'aider à obtenir pour demain la besogne que les pauvres gardes n'ont pas su faire aujourd'hui.

— Oh! repartit Gérard, est-ce que vous vous dissimulez les suites?

— Lesquelles?

— Si nous obtenons de redresser les gardes-françaises et que nous soyons battus comme eux, ce sera pour en mourir de confusion.

— Est-ce que nous serons battus? dit le vieux soldat; nous battrons!

— Alors voici l'autre branche de mon dilemme : nous réussirons, et les gardes seront tellement furieux d'avoir été déshonorés par notre succès, que ce sera une suite interminable de querelles avec eux. Adieu l'harmonie dans l'armée française.

— Ah! sans doute, dit Rubantel, ils seront dans leur droit.

— Vous n'ignorez pas que le roi n'encourage pas les duels.

— Qu'y faire ?...

— Et que M. de Louvois sera heureux de me voir sur les bras une affaire de ce genre-là.

— Vous êtes la raison même et je suis convaincu. Mais l'armée reste déshonorée ce soir. Et les maudits Suisses sont capables, demain, de prendre l'ouvrage. Ils ont des têtes si dures !

— Mon général, malgré toutes mes bonnes raisons, je suis prêt à faire ce que vous me commanderez. Formulez votre avis.

— Moi, j'essaierais d'une petite démarche pour que les Suisses ne soient pas commandés demain.

— Essayons... Mais auprès de qui ;

— Je croyais que madame de Maintenon voulait du bien à votre précepteur...

— Demandez à Jaspin.

Jaspin, qui errait aux environs de la tente, entendit prononcer son nom. Il arriva.

— Vous êtes en jeu, l'abbé, dit M. de Lavernie.

— On voudrait vous charger d'aller demander à madame de Maintenon son intervention, dit Rubantel.

Jaspin lança un regard de reproche à Gérard.

— Mais, répliqua-t-il, je n'ai sur madame de Maintenon aucun crédit. Un jour je l'ai priée de sauver la vie à monsieur... raison de famille ; madame de Maintenon s'est rendue à mon humble prière : voilà tout. Hors de la famille, je n'ai plus de voix.

— Cependant, répéta opiniâtrement Rubantel, il ne faut pas que les Suisses donnent une leçon aux Français!... Tenez je n'aime pas Louvois, mais il est bon français, lui, je vais l'aller trouver et lui raconter tout droit la chose.

— Justement il passe, le voyez-vous, dit Jaspin, enchanté de n'avoir rien à demander à la marquise.

Rubantel n'hésita pas. Il aborda franchement avec le ministre la question du patriotisme. Il lui soumit également la difficulté soulevée par Lavernie, le mécontentement des gardes-françaises.

— Il est certain, dit-il, que ces messieurs des gardes nous en voudront... et voilà ce qui nous arrête, M. de Lavernie et moi, pour revendiquer l'honneur de marcher demain.

Louvois, le génie du mal, saisit aux

cheveux cette belle occasion de mal faire : mettre aux prises Lavernie avec une bonne querelle de corps, le rendre odieux, lui qui commençait à devenir populaire! quelle joie!

— Je voudrais bien voir, s'écria-t-il, que l'on osât, de quelque part que ce fût, inquiéter ceux que je chargerai de corriger la faute des gardes-françaises. Ordre du roi! cela prime tout!

— Monseigneur, c'est vrai; mais, avant d'être soldat on est homme. Il en coûte à l'amour-propre de braves gens...

— Braves gens sont ceux qui emportent les ouvrages qu'on leur commande d'emporter. Hier j'ai favorisé les gardes, c'est vrai, je rougis d'eux aujourd'hui. Vous avez raison, M. de Rubantel, il ne faut pas que les Suisses redressent des Français. Je prends note de votre réclamation.

— Mais elle n'est pas mienne... dit Rubantel un peu effrayé de la responsabilité.

— Elle est de M. de Lavernie, très bien !

— Monseigneur, pas tout-à-fait.

— Elle est de lui et de vous; elle est juste, c'est tout ce que j'examine; elle est nationale d'abord : j'en prends note, adieu, monsieur.

— Eh mais il me semble que je réussis trop, murmura M. de Rubantel, inquiet de son bonheur, en voyant Louvois s'éloigner précipitamment pour emporter sa nouvelle méchanceté comme une proie.

— Eh bien? dirent au général, Gérard et Jaspin, quand ils le virent revenir.

— Cela marche tout seul, répondit M. de Rubantel.

— Il consent?

— Il promet.

— Oui. Mais après le consentement et la promesse de Louvois il y a la réflexion. Tenez, regardez-le causer avec tous ces officiers qni abandonnent pour lui M. de Vauban. Voyez comme il s'anime, comme il sourit. Voyez comme on gesticule autour de lui. Il est dans le cas de promettre aussi à d'autres; il faut surveiller cela; j'y cours! Venez-vous, Lavernie?

Jaspin fit un appel du regard au désintéressement de son élève.

— Ma foi! je reste ici, dit Lavernie. Toujours mendier les grâces me fatigue. Et puis, je suis dans une mauvaise veine, je vous porterais malheur.

— Méchantes raisons! Décidément vous n'avez pas grand goût pour la gloire.

— Franchement, non, si vous voulez que je vous le confesse; et en cette circonstance moins que jamais. Je plains sincèrement ces pauvres gardes qui ont échoué; je ne voudrais rien leur ôter de la revanche qui leur est due. Quant aux Suisses, puisque c'est leur jour demain, pourquoi le leur prendre?

— Oh! mais vous êtes un tiède! s'écria Rubantel; moi, j'ai soif de devenir maréchal de France. Ecoutez donc, j'ai des enfants à établir. Chacun pour soi, le bâton pour tous.

Et il sortit en riant. Jaspin et Gérard se dirigèrent lentement vers leur quartier en prenant des détours pour allonger la promenade. Jaspin songeait à regagner du terrain près de madame de Maintenon. Gérard ne pensait qu'aux moyens de revoir Antoinette.

Ce fut ainsi qu'ils revinrent, l'un à sa chaise, l'autre à son lit. Les derniers bruits mouraient dans le camp français. On entendait au contraire, du côté de la place, beaucoup de cris joyeux, et les assiégés, tout en envoyant leurs boulets aux assiégeants, semblaient tirer le canon d'allégresse. Ils fêtaient leur succès de manière à ne pas perdre leur poudre.

— Eh bien, dit Gérard après s'être désarmé, voilà que je redeviens un mortel ordinaire. La faveur m'oublie. Je décline, Jaspin, je décline.

— Le bonheur est dans l'obscurité, répliqua l'abbé philosophiquement. Plus l'homme est oublié, plus il a le temps de dormir. Or, il n'y a de véritable bonheur ici bas que le sommeil.

— Lequel? demanda Gérard.

— Celui qui va nous prendre ce soir, et nous quittera demain, répliqua l'abbé avec enjouement.

— Je croyais que vous parliez du sommeil qui a pris hier ce pauvre petit chevalier : parlez-moi de celui-là, Jaspin, un Louvois ne le trouble pas.

— Quel noir vous avez dans l'âme!...

Remettez-vous et dormons; demain vous verrez tout en rose; la vie est faite ainsi. Ah! si vous aviez jamais pu prendre le goût de la pêche!... Voilà qui repose les idées! un brochet, une anguille, une brème consolent de bien des chagrins; et quelles anguilles, qu'elles brèmes il y a dans les mares là-bas!...

Jaspin soupira et prit le chemin de sa chambre, c'est-à-dire de sa tente, assez voisine du logement de Gérard.

Comme il sortait il aperçut cinq officiers éclairés par le fallot d'un tambour, qui lui demanda si la tente de M. de Lavernie était encore loin.

— La voici, répliqua Jaspin; et il entra chez lui, heureux de voir que son élève allait avoir de la société pour se distraire.

Le tambour abordant le laquais et le planton de Gérard, les pria d'annoncer au lieutenant la visite de M. de Saillant, capitaine aux gardes, et celle de ses lieutenants, enseigne et aide-major.

Gérard s'avança jusqu'au seuil de sa tente, le visage ouvert, pour faire plus d'honneur à ces braves officiers, précisément parce qu'il les croyait plus malheureux.

Leur visage portait les traces, non-seulement d'un profond chagrin, mais d'une certaine irritation, que Gérard trouva bien excusable. Il redoubla donc de politesses et les pria de s'asseoir avec le plus cordial intérêt.

— C'est à M. le comte Gérard de Lavernie que nous avons l'honneur de parler, dit M. de Saillant, petit homme sec, fin de taille et de visage, boitant par suite de deux contusions qu'il avait reçues le même jour, et le front fendu par un coup de faux qui l'avait balafré jusqu'à l'oreille.

— C'est moi, oui, messieurs; à quoi

dois-je le bonheur de vous recevoir chez moi? — Asseyez-vous donc, par grâce.

— Ne le devinez-vous pas? dit M. de Saillant, toujours debout avec ses compagnons.

— Non, je vous jure.

— Monsieur, nous savons que les chevau-légers sont désignés pour faire demain l'attaque dans laquelle nous avons échoué...

Ici la gorge de l'officier se serra, une

expression d'amertume indéfinissable contracta ses lèvres.

— Vous comprenez, ajouta-t-il d'une voix émue, que nous sommes tous déshonorés par cela même que nous vivons, et nous venons vous supplier d'avoir pitié de nous, en digne gentilhomme que vous êtes.

Les yeux de l'orateur brillèrent d'un éclat qui n'était pas naturel; tant de feu ne s'allume que dans une prunelle humide.

— Mais, monsieur, répliqua Gérard plein de compassion, comment faire...

— Nous espérons que vous refuserez.

— Refuser!... s'écria Gérard... quand le roi commande!

— Monsieur, le roi n'eût pas commandé cette injustice si on ne la lui eût pas demandée. Nous avons cherché M. de Rubantel pour lui dire ce que nous avons sur le cœur, mais il est encore avec le roi et M. de Louvois. Vous êtes le lieutenant des chevau-légers, c'est à vous que nous nous adressons; la chose presse.

— Supposeriez-vous que j'aie demandé de vous remplacer? dit Gérard.

— On le dit positivement, monsieur.

— Qui le dit?

— M. de Louvois: voici quatre officiers qui l'ont entendu. C'est sur votre demande, dit-il, que les chevau-légers nous relèvent.

— C'est faux! répliqua Gérard.

— Alors, vous refuserez, n'est-ce pas, monsieur, dit poliment M. de Saillant.

— Permettez, voici une équivoque, fit

observer Gérard. Demander à vous remplacer pour cette attaque, c'était vous faire tort; je nie avoir demandé; voilà tout ce qu'il vous faut, je pense; quant à refuser le service... impossible.

Les officiers échangèrent entre eux un regard de colère et de désespoir.

— Vous ne comprenez donc pas notre position, monsieur, ajouta M. de Saillant, il faut, *il faut*, entendez-vous, que notre régiment marche demain.

— Mais, monsieur...

— Pardon ; ce mot : il faut, signifie que rien ne nous arrêtera pour en venir à notre but.

— C'est moi qui cesse de comprendre ou qui comprends trop bien, répliqua Gérard... vous me menacez.

— A Dieu ne plaise ; mais nous voulons...

— Ce mot est de trop, monsieur, *s'il faut* que vous marchiez demain, *il faut* aussi que je ne cède pas à une menace.

— Les conséquences retomberont sur vous !

— Non pas, sur le roi !...

— Nous avons l'honneur de vous répéter que c'est vous qui avez demandé au roi à nous *redresser*, telle est l'expression de M. de Louvois.

— Il a menti !

— Donnez-lui ce démenti, nous n'en serons pas fâchés.

— Il l'aura.

— Alors vous refuserez de marcher,

c'est tout ce que nous demandions, et nous serons au comble de nos vœux.

— Oh! non s'écria Gérard, vous ne me prendrez pas en lâcheté dans aucune circonstance... Si je suis commandé, je marcherai. Si je reviens de l'action, je donnerai à M. de Louvois le démenti qu'il mérite, je m'y engage devant vous; si je suis tué, je ne dois rien à personne.

— Ce n'est pas ainsi que nous l'entendons, répondit M. de Saillant avec colère; le démenti à M. de Louvois sur-le-champ, et le refus de service en est la conséquence, telles sont nos conditions. Notre honneur est plus exigeant parce qu'il est entamé ; songez-y et cédez-nous.

— Jamais !

— Alors, monsieur, vous ne serez pas étonné si nous avons recours aux grands moyens. Tout est permis dans le désespoir. Vous ne commanderez pas l'attaque demain avant de nous avoir tués tous cinq.

— Fort bien, dit Gérard.

— Et après nous l'état-major des trente-deux compagnies... Car nous les représentons, n'ayant pas voulu venir ici en corps pour éviter l'esclandre.

— Oh! voilà une absurdité, interrompit Gérard; il est certain que je pourrais essayer de vous tuer tous les cinq, et que je ne tuerai pas cent cinquante officiers d'ici à demain. C'est moi qui serai tué. Soit.

— Ah! vous pouvez appeler à vous tous les officiers des chevau-légers; corps contre corps, la partie sera complète.

— Allons donc? s'écria M. de Lavernie, une guerre dans le camp français pour une querelle d'honneur particulière! le remède serait pire que le mal. Que vous faut-il? tuer un chevau-léger pour la satisfaction de votre amour-propre. C'est tout ce que vous y gagnerez, attendu qu'un autre officier me remplacera demain, si je suis mort. Mais enfin vous le voulez; je suffis parfaitement et je suis prêt. Marchons-nous?

En disant ces mots, Gérard décrocha son épée et prit son chapeau.

— C'est la faute de votre ambition, murmura M. de Saillant un peu étourdi de rencontrer une si logique résistance.

— Ah! monsieur, assez, je vous prie; à partir de ce moment, nous voici sur le terrain. Plus d'insultes.

Et il leur montra civilement le chemin, en les faisant passer devant lui.

VII

QUERELLES D'ALLEMANDS.

Ils n'avaient pas fait dix pas qu'ils rencontrèrent une troupe de six officiers suisses précédés d'un porteur de flambeau. Ce dernier n'eut pas plus tôt aperçu Lavernie qu'il s'écria :

— Le voici !

Aussitôt, les officiers s'approchèrent, et l'un d'eux, saluant Gérard, lui demanda en très-mauvais français s'il pouvait avoir l'honneur de lui parler en particulier.

— C'est que je suis bien occupé en ce moment, répliqua Gérard.

— Nous sommes bressés, dit l'officier suisse, et ce sera gourt.

— Si ces messieurs veulent bien permettre, répliqua Gérard en se retournant vers les gardes-françaises qui consentirent par un signe de tête.

— Monsier, baragouina le suisse, nous fiendre te la bart te monsier Regnold, la golonelle-lieudenant, fous temanter bourguoi fous embêgez nous d'èdre gommantés à l'addague te temain puisque c'èdre notre chour.

— Vous aussi ! s'écria Gérard ; eh bien, voilà qui est complet. Oh ! vous pouvez entendre, messieurs les gardes-françaises. C'est la suite de votre affaire, seulement on me raconte en suisse ce que vous m'avez dit en bon français.

— Rébontez-fous? poursuivit l'Helvétien avec le flegme de sa nation.

— Je réponds que rien n'est plus absurde, dit Gérard, attendu mon obscurité qui ne peut laisser supposer à aucun être raisonnable que j'aie l'influence d'empêcher le roi de faire ses volontés.

— Fort pon. Alors, o'êdre un vaussedé?

— Tout ce qu'il y a de plus faux.

— Monsir Loufois avre mendi?

— Par la gorge.

— Et fous bas marchir temain sur l'addague?

— Oh! ceci est différent; — le roi commande, j'obéirai.

— Fous embêgerez les Suisses te marchir?

— Je n'empêcherai rien du tout, mais j'irai où l'on m'ordonnera d'aller.

— Naëne, répliqua le Suisse en tournant la tête comme un Chinois.

— Non? Et pourquoi?

L'officier montra ses cinq compagnons, qui montrèrent chacun son épée.

— Parfaitement, dit Gérard, vous vous faites bien mieux comprendre sans parler qu'en parlant. Il n'y a qu'une difficulté à ce que vous me proposez.

Le Suisse parut surpris. Gérard continua :

— C'est que voici messieurs les gardes-françaises qui viennent de me proposer absolument la même chose que vous, et ils ont la priorité. Pardon, priorité est un mot difficile à comprendre si vous ne savez pas le latin : il signifie que ces messieurs sont venus demander satisfaction les premiers.

— Gott! répliqua le Suisse.

— Attendu, poursuivit Gérard, que ces messieurs aussi veulent marcher demain, et que quant à moi je leur donne raison.

— Naëne, dit encore le Suisse avec son impitoyable mouvement de tête.

— Vous dites que ces messieurs ne marcheront pas? s'écria Gérard.

— Ia, je dis.

Gérard se mit à rire, malgré le peu d'envie qu'il en avait.

— Ma foi! cela regarde ces messieurs, dit-il, expliquez-vous ensemble.

— Afec fous, t'apord, interrompit le Suisse; afec eux abrès.

— Oh! moi, j'appartiens aux gardes-françaises, dit M. de Lavernie, et pour que vous tiriez l'épée avec moi il faut que j'aie tué ces cinq messieurs et cent cinquante autres officiers des gardes.

— Cent cingande! s'écria le Suisse, fous moguir fous!

— Demandez à ces messieurs, voilà leurs conditions.

— Eh pien, répondit le Suisse avec un bon sens admirable, gommenzez afec nous — nous allons fous débêger très-fite, — et abrès... nous nous endendrons afec messieurs les cartes-vranzais.

— Oh! mon Dieu! s'écria Gérard de plus en plus égayé, je n'ai pas de préférence, moi, et si ces messieurs veulent vous céder leur tour, j'accepte.

— Fort pon! dit le Suisse en enfonçant son chapeau sur sa tête et en mettant lentement l'épée à la main comme si l'affaire était déjà arrangée.

Qu'on juge de l'épouvante qui saisit le pauvre Jaspin lorsque, réveillé de son premier somme par le bruit de cette querelle, qui avait lieu en face de sa tente, il aperçut par l'entrebaillement des toiles l'animation des adversaires, les laquais éclairant déjà le terrain avec leurs flambeaux, et une épée reluisant au feu.

Il prit à peine le temps d'endosser un habit et se précipita éploré entre les adversaires qu'il se mit à supplier au nom de la religion et de l'humanité.

— Qui est celui-là ? se demandèrent les gardes.

— Excusez-le, messieurs, c'est un vieux précepteur à moi qui m'a élevé. Le bonhomme perd la tête au milieu de toutes ces batailles. Etes-vous fou, Jaspin, s'écria durement Gérard, de venir vous mêler ainsi de ce qui ne vous regarde pas. Rentrez ! morbleu ! Quand je vous dis que vous finirez par me rendre ridicule.

— Mais, tous ces enragés vous tueront ! Dites-leur donc la vérité.

— Faites-moi le plaisir de rentrer chez vous et ne me rompez plus la tête.

En disant ces mots, il poussa l'abbé par les épaules vers la tente; mais celui-ci, furieux et désespéré, lui échappa et courut dans la direction du quartier de Bethléem en s'écriant :

— Nous allons bien voir si on vous tuera.

Et avant que Gérard eût pu le retenir, il disparut dans les ténèbres.

— Jaspin va faire quelque sottise,

messieurs, dit-il. Hâtons-nous ; prenez vos mesures et finissons-en.

— Che gommenze, s'écria le Suisse.

— Un moment, un moment, dit M. de Saillant qui jusque-là n'avait pas remué et qui arrêta le Suisse par le bras ; c'est à nous que M. de Lavernie fait tort.

— Abrès, abrès, afec fous, interrompit l'opiniâtre Helvétien en dégageant son bras pour se mettre en garde tout-à-fait.

— Oh! mais c'est une plaisanterie, dit

M. de Saillant. Est-ce vous qui auriez la prétention de marcher à notre place demain ?

— C'êdre nodre chour! dit le Suisse.

— Vous donneriez une leçon aux gardes-françaises, vous! s'écria un des officiers qui accompagnait M. de Saillant.

— Tute té même.

— Vous en avez menti, dit un autre en s'approchant à six pouces du Suisse.

Celui-ci, taillé en hercule, allongea

seulement la main et repoussa le garde-française à la distance d'une toise.

Aussitôt toutes les épées jaillirent des fourreaux, et les onze combattants prirent du champ pour se charger avec plus d'avantage.

Gérard, bien embarrassé, se jeta entre eux avec mille raisonnements inutiles.

Mais il se trouva pris entre les Suisses qui juraient, et les gardes qui lui criaient : Arrière!

Et déjà les épées se joignaient lorsque

des cris se firent entendre, des pas précipités, et Rubantel parut tout essoufflé avec une vingtaine de chevau-légers, qui bousculèrent Suisses et gardes-françaises pour dégager leur lieutenant qu'ils croyaient en péril.

Les gardes crièrent à la trahison; les Suisses crièrent : Berne! Berne! Et une nuée de Suisses et de gardes accourus sur la trace des chevau-légers commencèrent une de ces mêlées dans lesquelles tout le monde coudoie, rudoie, crie et frappe, sans que personne ne sache pourquoi.

Voilà la besogne qu'avait faite Jaspin.

Ayant rencontré sur sa route Rubantel qui sortait de chez Louvois, il l'avait amené bien escorté au secours de Gérard. Et comme déjà s'était répandu partout, grâce à la méchanceté de Louvois, le bruit de la nouvelle faveur qu'on faisait aux chevau-légers en les chargeant de l'attaque pour le lendemain, cette étincelle habilement lancée par le ministre, imprudemment soufflée par Jaspin, avait mis le feu aux traînées de poudre.

On se battait encore, et l'on ne s'était pas expliqué, lorsque Louvois accourut sur le théâtre de la discussion. Son nom, prononcé par les gendarmes qui le précédaient, fit l'effet sur les combatans des baquets d'eau glacée qu'on jette sur les dogues qui se mordent. Toutes les colères se refroidirent, de larges espaces s'ouvrirent dans ces masses naguère compactes.

— Par la mordieu! qu'y a-t-il, s'écria Louvois qui le savait mieux que personne...

Chacun se mit à parler à la fois.

— Des épées tirées dans le camp! continua le ministre.

— On voulait tuer M. de Lavernie, dirent les chevau-légers.

— Nous nous expliquions avec M. de Lavernie, dirent les gardes et les Suisses.

De sorte que le nom de Lavernie frappa toujours et délicieusement l'oreille de Louvois qui s'écria :

— Bien ! bien !... Aux arrêts, les chevau-légers ! les Suisses, aux arrêts ! aux arrêts, les gardes !

— Mais, monsieur... dit Gérard.

— Aux arrêts ! s'écria Louvois avec une joyeuse rage.

Rubantel s'approcha à son tour.

— Aux arrêts ! lui dit Louvois.

Et toute cette foule se dissipa en murmurant pour retourner dans ses quartiers.

—C'est égal, dit un des gardes-françaises à Gérard, avec un sourire amer, vous avez là un précepteur utile. Gardez-le bien !

— Ponne brézebdeur ! glisse le suisse

à l'oreille de Gérard, avec un gros rire ironique.

— N'est-ce pas le même précepteur qui, l'autre jour, est venu prévenir le roi que vous étiez mal à l'aise dans les marais, dit M. de Saillant, pâle de colère, à Gérard qui frissonnait de douleur.

Si Jaspin se fût trouvé là, Gérard l'étranglait sans miséricorde. Mais le pauvre abbé sentait sa faute, tout en s'applaudissant du résultat, et il se tenait à l'écart comme le chien qui s'attend à être battu.

Louvois, comme on pense bien, ne

manqua pas l'occasion. Il courut chez le roi agité déjà par des rapports divers. Le carrosse de madame de Maintenon était tout attelé; son écuyer l'attendait pour la reconduire à St-Ghislain.

Aussi agitée que Louis XIV, elle essayait pourtant de le calmer en lui représentant avec la douce fermeté commune à toutes les femmes supérieures, que cette émotion des gardes n'aurait pas eu lieu sans la dureté avec laquelle il les avait traités. Et, bien curieuse de savoir des nouvelles, elle se hâtait pourtant de retourner à l'abbaye, afin de ne plus rencontrer Louvois, dont elle redoutait le regard et les embûches. Ce dernier, au contraire, brûlait de dire au roi, en face de la marquise, ce qu'il avait à lui dire de l'échauffourée.

— Il était temps ! s'écria-t-il en se plaçant sur les degrés du vestibule, entre le carrosse et la marquise prête à y monter,

— Ces mauvaises têtes se querellaient? dit le roi.

— Oh sire, on se battait bel et bien !

Le roi fronça le sourcil.

— Cela est sérieux, M. de Louvois!... se battre!... malgré mes ordres!... Quels sont les coupables?

— Tout le monde, plus ou moins, sire.

— Mais particulièrement?...

Louvois feignit l'embarras, il regarda la marquise en retournant son chapeau comme un écolier.

— Enfin... contez ce qui s'est passé, dit le roi avec impatience.

— C'est la querelle des gardes-françaises avec les chevau-légers, qui s'est compliquée de l'arrivée des Suisses, répondit Louvois.

— Quel a été l'agresseur !

— Ah ! sire, je crois que ce sont les gardes ; ils étaient tellement blessés des cruels reproches de V. M., qu'ils n'ont pu voir sans s'exaspérer la réponse favorable que j'avais faite à M. de Lavernie lorsqu'il s'est offert à les remplacer demain pour l'attaque.

— Nous y voilà encore, pensa en s'armant de courage madame de Maintenon.

— Les gardes sont bien excusables, dit-elle tout haut, et c'était peu généreux d'enlever à ces pauvres vaincus la chance de se réhabiliter.

—Madame, vous ne dites pas cela pour moi, riposta Louvois avide de commencer à mordre, vous auriez bien tort. Si j'ai promis à M. de Lavernie d'appuyer sa demande près du roi, ce n'était pas que je la trouvasse équitable. Oh! non; je le trouvais peu généreux, en effet, de montrer tant de zèle au détriment de ses compagnons d'armes. Mais avec M. de Lavernie je ne sais plus que faire, M. de Lavernie déroute toutes mes habitudes et force toutes mes consignes. Je ménage M. de

Lavernie plus que s'il était prince ou maréchal de France... Ne vous en plaignez pas, madame, puisque je me donne tant de mal pour ne pas vous désobliger en contrariant votre protégé.

— Mon protégé! s'écria la marquise avec un regard irrité. Mais en vérité, monsieur, qu'est-ce que cela signifie?

Et son cœur battait à rompre sa poitrine.

— Sire, j'en appelle à Votre Majesté, dit Louvois avec un gracieux sourire : M. de Lavernie, condamné à mort, et il le méritait bien, se trouve grâcié; je voulais en purger l'armée, — pardon madame, — on le fait lieutenant de chevau-légers. L'autre jour je lui donne l'affaire du moulin d'Hion ! il s'y couvre de gloire, je devine toute la joie que ce beau fait d'armes inspire à madame la marquise, puisqu'elle honore M. de Lavernie d'une invitation, sans précédent encore, dans une abbaye !... parmi des jeunes religieuses !... Or, une alarme est donnée ce même soir, une occasion se présente, je crois continuer à bien mériter de madame la marquise en favorisant son protégé d'une seconde mission non moins glorieuse que la première...

La marquise secoua la tête.

— N'en doutez pas, madame, l'attaque du marais était belle pour quiconque l'eût su mener à bien. Savez-vous qu'on avait affaire là aux réformés français, avant-garde du prince d'Orange, qui voulaient s'introduire dans Mons et qu'il fallait contenir à tout prix. Mais se sentant soutenu à la cour, M. de Lavernie aurait voulu choisir lui-même ses occasions. Le roi m'a bien maltraité à ce sujet. La volonté du roi soit faite, n'en parlons plus! J'ai pris le parti de ne plus jamais rien faire qui contrariât M. de Lavernie, c'est-à-dire qui amenât un nuage sur le plus beau front du monde. Voilà pourquoi tantôt, malgré l'injustice la plus flagrante, je consentais à favoriser encore M. de Lavernie aux dépens de ces pauvres gardes. J'espérais faire plaisir à madame la marquise. Voyons, sire, daignez être arbitre entre elle et moi : suis-je assez empressé à lui plaire? Dois-je être accusé par elle de ma bonne volonté qui lui sacrifie tout, même mon devoir et ma conviction.

— Il est vrai que vous témoignez à madame des sentiments bien dévoués, répliqua le roi avec une imperceptible ironie que Louvois comprit à merveille. Mais enfin la marquise est raisonnable, et ne protége personne au mépris des usages, des lois. Je ne le crois pas, du moins.

— Oh sire!... l'ai-je jamais prouvé! s'écria madame de Maintenon; je n'aime et ne protége que les bons serviteurs de Votre Majesté.

— Tout cela ne nous dit pas l'auteur du désordre de ce soir.

— Sire, dit Louvois, le premier auteur... Voyons, il faut le dire, puisque madame la marquise y consent, le premier coupable c'est, à n'en pas douter, l'ambitieux de gloire, le zélé infatigable qui a demandé de relever les gardes-françaises.

— S'il l'a véritablement demandé, dit

la marquise, il est coupable. — L'a-t-il demandé?

— M. de Rubantel me l'a dit, fit Louvois effrontément.

— Mais les gardes-françaises s'en sont pris à lui, ajouta le roi.

— Oh! vivement. Ils ont tort.

— Et les Suisses?

— Les Suisses s'en sont pris à tout le monde; têtes carrées, têtes intraitables; vous savez, sire.

Le roi se mit à rire, puis, sérieusement :

— Il faut punir tout le monde, Louvois.

— Sire, j'ai cru devoir le faire; j'en demande bien pardon à madame la marquise.

— Pardon de quoi? dit-elle avec hauteur.

— C'est que, en punissant les autres, ajouta Louvois en feignant de balbutier, j'ai dû punir M. de Lavernie.

— Eh bien! après?

— Il est aux arrêts, continua Louvois avec l'air contrit d'un pénitent qui confesse une énormité.

La marquise enrageait de souffrir cette duplicité sans pouvoir la démasquer.

— Les arrêts, dit-elle, pour avoir fait se battre une armée. Je trouve cela timide, monsieur, et quand vous prendrez mes protégés en faute, punissez-les plus vertement; ayez plus d'imagination si vous tenez tant à me faire plaisir.

— Je profiterai donc de votre permission, madame, interrompit Louvois. Oh! je savais bien le moyen de punir, mais je n'osais l'employer, toujours par scrupule...

— Je le sais aussi, dit le roi; et je l'emploie, moi. J'ôte aux chevau-légers l'attaque de demain, que je voulais leur donner. Je ne la donne pas non plus aux Suisses. Je ne la donne pas même aux gardes aussi entièrement qu'ils le demandent. — Les gardes marcheront, soit, je ne veux pas les déshonorer; mais je les ferai appuyer par mes mousquetaires : voilà des gens qui ne reculeront pas. Louvois! qu'on prenne soixante-quinze mousquetaires par compagnie, et qu'on les poste de façon à soutenir les gardes, s'il faiblissaient encore!

— Sire, c'est convenu... Et les arrêts de M. de Lavernie?

Le roi regarda timidement la marquise.

— Doublez, dit-elle.

— Qui aime bien châtie bien, madame, murmura Louvois, et il offrit à la marquise de la conduire à son carrossse.

Leurs deux mains se touchèrent comme des serpents glacés qui s'enlacent.

— Quand je n'aurais gagné à cela que

l'autorisation d'écraser ce Lavernie, quelle victoire! pensa Louvois. Comme il faut qu'elle s'intéresse à lui pour ne plus oser le défendre! Oh! maître Desbuttes, je t'ai laissé voler un million pour te payer les culottes de l'archevêque — rapporte-moi du pays ou je t'ai envoyé le secret de la marquise — et je te fais contrôleur général.

FIN DU DEUXIÈME VOLUME.

TABLE

DES CHAPITRES DU DEUXIÈME VOLUME

I. — Le Piège (*suite*).................. 1

II. — Comment Jaspin prit une brême...... 55

III. — Comment M. de Louvois prit Jaspin.. 97

IV. — Le Conseil du roi d'Angleterre...... 157

V. — Une mauvaise Commission......... 177

VI. — L'assaut...................... 217

VII. — Une Querelle d'Allemands......... 291

SUITE DES NOUVEAUTÉS EN LECTURE

DANS TOUS LES CABINETS LITTÉRAIRES

L'heure du Berger, par Emmanuel Gonzalès. 2 vol. in-8.
La Fille du Gondolier, par Maximilien Perrin. 2 vol. in-8.
Minette, par Henry de Kock. 3 vol. in-8.
Quatorze de dames, par Madame la comtesse Dash. 3 vol. in-8.
L'Auberge du Soleil d'or, par Xavier de Montépin. 4 vol. in-8.
Débora, par Méry. 3 vol. in-8.
Les Coureurs d'aventures, par G. de la Landelle. 3 vol. in-8.
Le Maître inconnu, par Paul de Musset. 3 vol. in-8.
L'Épée du Commandeur, par X. de Montépin. 3 vol. in-8.
La Nuit des Vengeurs, par le marquis de Foudras. 4 vol. in-8.
La Reine de Saba, par Xavier de Montépin. 3 vol. in-8.
La Juive au Vatican, par Méry. 3 vol. in-8.
Le Sceptre de Roseau, par Émile Souvestre. 3 vol. in-8.
Jean le Trouveur, par Paul de Musset. 3 vol. in-8.
Les Femmes honnêtes, par Henry de Kock. 3 vol. in-8.
Les Parents riches, par madame la comtesse Dash. 3 vol. in-8.
Cerisette, par Ch. Paul de Kock. 6 vol. in-8.
Diane de Lys, par Alexandre Dumas fils. 3 vol. in-8.
Une Gaillarde, par Ch. Paul de Kock. 6 volumes in-8.
Georges le Montagnard, par le baron de Bazancourt. 3 vol. in-8.
Le Vengeur du mari, par Em. Gonzalès. 3 vol. in-8.
Clémence, par madame la comtesse Dash. 3 vol. in-8.
Brin d'Amour, par Henry de Kock, 3 vol. in-8.
La Belle de Nuit, par Maximilien Perrin. 2 vol. in-8.
Jeanne Michu, *la bien-aimée du Sacré-Cœur*, par madame la comtesse Dash. 4 vol. in-8.
Le Khalifa, par S. Henry Berthoud. 2 vol. in-8.
Raphaël et Lucien, par Michel Masson. 2 vol. in-8.
Le Trouble-Ménage, par Maximilien Perrin. 2 vol. in-8.
El Ihoudi, par S. Henry Berthoud. 2 vol. in-8.
Les Métamorphoses de la femme, par X.-B. Saintine. 3 vol. in-8
Charmante Gabrielle, par M.-J. Brisset. 2 vol. in-8.
Le Débardeur, par Maximilien Perrin. 2 vol. in-8.
Nicolas Champion, par S. Henry Berthoud. 2 vol. in-8.
La Famille du mauvais Sujet, par Maximilien Perrin. 2 vol. in-8.
Un Cœur de Lièvre, par Max. Perrin. 2 vol. in-8.
Diane et Sabine, par Michel Masson. 2 vol. in-8

Imprimerie de Gustave Gratiot, 30, rue Mazarine.

www.ingramcontent.com/pod-product-compliance
Lightning Source LLC
Chambersburg PA
CBHW072010150426
43194CB00008B/1055